AF342772

JOSEPH REINACH

# NAPOLÉON III ET LA PAIX

---

Extrait de la *Revue historique*,

Tome CXXXVI, année 1921.

*(Les tirages à part ne peuvent être mis en vente.)*

---

PARIS

1921

JOSEPH REINACH

# NAPOLÉON III ET LA PAIX

Extrait de la *Revue historique*,

Tome CXXXVI, année 1921.

*(Les tirages à part ne peuvent être mis en vente.)*

PARIS

1921

# NAPOLÉON III ET LA PAIX

Comment la lutte séculaire entre la France et l'Allemagne, endormie depuis plus de cinquante années, s'est-elle ranimée en 1870 pour changer la face de l'Europe et amener ensuite, par une autre guerre, quelques-uns des plus extraordinaires bouleversements de l'histoire et des révolutions presque géologiques? Il a été pendant longtemps difficile d'établir les faits; aujourd'hui que tous les documents importants sont sortis des archives et que les grands témoins ont parlé, il est devenu possible d'aborder le problème des responsabilités, à condition toutefois de le circonscrire.

## I.

Le problème serait, en effet, insoluble si, au lieu de le limiter aux origines politiques et diplomatiques du conflit, on l'étendait aux origines historiques, comme font les Allemands, et, notamment, un de leurs plus grands historiens, Sybel[1]. A remonter non seulement aux guerres de la Révolution et de l'Empire, qui sont l'avant-dernière bataille, mais, par delà encore, de siècle en siècle, aux entreprises de Frédéric II, à celles de la maison de Bourbon contre la maison de Habsbourg, au grand dessein du cardinal de Richelieu, à la rivalité de François Ier et de Charles-Quint, au mariage de Bourgogne et finalement, mais logiquement, à la succession de Charlemagne et aux invasions barbares, sans doute on ne quitte pas le sujet; mais comment se pourrait-on flatter de dresser, pour un tel nombre d'années, un compte de *doit et avoir?* Les hommes, les peuples, les idées, les pays ne sont plus les mêmes. C'est proprement le péché scientifique allemand, celui que raille Henri Heine quand il avertit les Français que ses compatriotes ne leur ont point encore pardonné la mort de Conradin.

1. *Die Begründung des deutschen Reichs*, chap. I.

On resterait sur un terrain plus solide si, comme l'a fait Renan[1], on s'appliquait à mettre en regard les aspirations d'une démocratie d'essence pacifique, comme sont toutes les démocraties, peu propre aux grandes entreprises du dehors et tournée vers les œuvres intérieures, telle la France depuis 1815, et les ambitions d'une monarchie militaire et encore féodale, qui ne peut indéfiniment ajourner la liberté que par ce surcroît de prestige et de force qu'elle attend de guerres heureuses, telle la Prusse des Hohenzollern.

La preuve a été amplement faite pour notre démocratie du XIXe siècle, « coulant à pleins bords » déjà sous la Restauration, débordant après la révolution de Février, et, républicaine ou césarienne, résolue à ne pas rentrer dans le lit où auraient voulu la ramener les anciennes classes privilégiées et la haute bourgeoisie, qui avaient gardé le souci des choses militaires et le goût de la « grande » politique extérieure ; elle se prononça constamment pour le maintien de la paix. Sans doute, les bonapartistes et les libéraux firent un crime aux Bourbons des traités de 1815, qui n'étaient pas leur œuvre, et les partis avancés un grief à Louis-Philippe de la prudence et de la sagesse qui lui valurent de Victor Hugo le titre un peu gros de « Napoléon de la paix » ; mais les tumultes belliqueux de 1830 et de 1840 s'éteignirent d'eux-mêmes ; les assemblées de 1848 et de 1849 n'eurent pas d'autre politique extérieure que le manifeste de Lamartine ; enfin, ce pays de tant de révolutions et d'épopées n'accepta Napoléon III que dans l'espoir de réaliser, par lui, l'ordre, même au prix de la liberté, et la paix plus profitable que la gloire.

Par malheur, cette démocratie avait renoncé, à peine fut-elle maîtresse de la souveraineté, à se gouverner elle-même ; une fois encore elle s'était confiée à un homme et, si elle fut trompée par lui, elle n'en porte pas moins la responsabilité de s'être donnée à lui.

C'est dans ce sens que Renan, après avoir fortement opposé l'esprit de la démocratie à celui d'une aristocratie féodale, a pu dire avec raison que l'une des principales causes de la guerre de 1870 a été « la faiblesse de nos institutions constitutionnelles[2] ».

1. *Réforme intellectuelle et morale*, p. 24 et suiv.
2. Lettre à Strauss.

Il faut donc en revenir aux origines politiques et diplomatiques; mais, ici, une autre constatation s'impose et domine le procès. La diplomatie du second Empire **a** été beaucoup plus attentive, beaucoup plus avisée et beaucoup plus clairvoyante qu'on ne le suppose à l'ordinaire. Elle s'informait avec soin, observait avec intelligence les hommes et les choses. Plus d'une fois, elle a su pénétrer à temps les desseins, surprendre les arrière-pensées des hommes d'État étrangers. Elle ne se satisfaisait point de suivre dans leurs évolutions les chancelleries et les cours; les mouvements profonds des peuples, et particulièrement de la nation allemande, ne lui échappèrent pas; elle y vit l'obscur prologue du grand drame. Elle a fait souvent entendre des avertissements. Elle avait la tradition et le sens de la France. Seulement, elle fut étrangère, ou à peu près, à la politique extérieure du second Empire. Cette politique a été l'œuvre personnelle de l'empereur Napoléon III, tout comme la politique de la Prusse, dans les années qui ont précédé la guerre, a été l'œuvre personnelle de Bismarck.

Ce sont ces deux hommes qui sont les grands acteurs du drame; les autres, Rouher, Ollivier, Gramont, tout comme le roi Guillaume Ier, Moltke et Roon, sont des deuxièmes rôles.


## II.


Le caractère de Napoléon III est un des plus complexes qui soient. D'une part, sa sensibilité, que la reine Victoria qualifiait assez singulièrement d'« allemande[1] », le rendait impropre au métier militaire; au premier champ de bataille, il fut pris d'horreur. C'est un Allemand, le plus « bismarckien » des historiens allemands, qui a dit de lui : « D'après les dispositions de sa nature, c'était un homme de paix, non de guerre... Il n'avait aucun esprit militaire; il ne poursuivait pas comme son puissant oncle la conquête du monde[2]. » D'autre part, les desseins qu'il s'était proposés ne pouvaient s'exécuter que par la guerre et, si pétri d'illusions qu'il fût, il n'eut à aucun moment celle qu'il effacerait les traités de 1815 dans des congrès. Ses propositions de congrès

1. « La reine Victoria lui trouvait l'esprit plus allemand que français » (Ollivier, *l'Empire libéral*, t. III, p. 98).
2. Sybel, t. I, p. 71; t. III, p. 231.

et ses discours sur « le désarmement et la fédération européenne »
sont d'ailleurs tous postérieurs à la guerre d'Italie[1]. Mais il
s'était si bien rendu compte du caractère pacifique de la démocratie qu'il s'appliqua avec toutes ses forces de dissimulation,
qui étaient grandes, à ne rien laisser soupçonner de ses projets
pendant tout le temps qu'il lui fallut pour s'emparer du pouvoir absolu, et il ne les découvrit que peu à peu, avec d'infinies
précautions, après qu'il fut devenu le maître.

Plus embarrassé que fier des inquiétudes glorieuses que pro-
voquait son nom, il s'efforça de les dissiper en identifiant avec
la paix le régime nouveau ; la paix au prix de la liberté ne parut
point avoir été achetée trop cher.

La façon même dont Napoléon III s'y prit pour sortir du pacte :
« L'Empire, c'est la paix, » qu'il avait passé avec sept millions
d'électeurs, suffirait à prouver combien le pays était délibérément hostile aux entreprises guerrières.

La diplomatie officielle fut jusqu'à la dernière heure opposée
à la guerre de Crimée, provoquée pour une querelle de moines
dont Walewski disait publiquement : « Le jeu n'en vaut pas la
chandelle » ; une petite portion des catholiques fut seule à souhaiter la guerre comme une croisade contre les orthodoxes où
s'affirmerait « la vocation de la France[2] ». L'Empereur ne par-
vint à rendre le conflit inévitable que par un jeu savant de concessions apparentes, qui provoquèrent de brusques exigences de
la Russie. Même après la victoire, quelques-uns des meilleurs
serviteurs de l'Empire (notamment le meilleur, Duruy) portèrent
un jugement sévère sur la guerre de Crimée. Pour Napoléon III,
il s'y était décidé surtout parce qu'il avait reconnu dans la rup-
ture de la Sainte-Alliance le moyen le plus sûr d'ouvrir les voies
à l'intervention en Italie, impossible tant que le faisceau des
trois puissances du Nord n'aurait pas été brisé, l'Autriche iso-
lée, l'Angleterre amenée à une neutralité bienveillante[3]. Il ira
en Lombardie par la Crimée.

A l'apothéose du Congrès de Paris, après les angoisses de la

1. 1863, 1865, 1870.
2. Lacordaire.
3. C'est ce qu'Émile Ollivier, favorable d'ailleurs à la guerre de Crimée, a
très bien montré dans les deux chapitres : « Seul moyen d'affranchir l'Italie » et « Pour rompre la Sainte-Alliance » (t. III, chap. VII et VIII). « La misérable querelle des lieux saints vint le servir fort à propos ; il en profita pour
brouiller les anciens alliés. »

guerre de Crimée, la joie fut générale et il sembla que ce fut la paix perpétuelle.

### III.

L'Empereur eut si bien le sentiment de cet état des esprits qu'il eut recours, pour préparer la guerre d'Italie, à ses vieilles habitudes de conspirateur. Cavour sut se taire, sauf avec des confidents intimes, de la promesse de Napoléon III que la paix ne durerait pas longtemps[1].

Napoléon III aurait découvert son projet qu'il eût soulevé de toutes parts de vives oppositions, non seulement dans le parti catholique, à cause de Rome, mais parmi toute cette bourgeoisie laborieuse et réfléchie qui eût redouté de voir la guerre générale sortir de l'aventure. L'Impératrice, dont le catholicisme était d'Espagne, et la plupart des ministres se seraient prononcés contre l'entreprise italienne; de même la grande majorité du Corps législatif, qui n'allait voter qu'avec une extrême répugnance, malgré que les troupes eussent déjà passé la frontière, les crédits de guerre[2].

Le reste de l'Europe n'aurait pas été moins hostile. Au premier soupçon qu'elle aura du dessein de Napoléon III, l'Angleterre l'avertira qu'il va au-devant d'une nouvelle coalition. Lui-même il dira, après coup, au Corps législatif : « Pour servir l'indépendance italienne, j'ai fait la guerre contre le gré de l'Europe; dès que les destinées de mon pays ont pu être en péril, j'ai fait la paix[3]. »

Il machina donc la convention de Plombières avec Cavour dans le plus profond secret, comme un mauvais coup, et, la chose faite, ne s'en ouvrit qu'au prince Jérôme-Napoléon, aussi italien que lui : « Garde le secret pour tout le monde; l'Impératrice ne se doute de rien; pas davantage Walewski (le ministre des Affaires étrangères) et moins encore Fould (le ministre des Finances)[4]. »

1. Lettre à Gastelli d'avril 1856.
2. « La majorité marqua son mécontentement en accueillant par un silence glacial les passages belliqueux du discours impérial... » (Ollivier, t. X, p. 94). Plichon, futur ministre de l'Empire libéral, dit à la tribune que, si le drapeau n'avait pas été engagé, il aurait voté *non*.
3. Discours au Corps législatif (juillet 1859).
4. Récit du prince Napoléon à Émile Ollivier.

Sans doute la guerre, une fois déclarée, fut populaire dans la démocratie des villes; il y avait tant d'années que toute cette France généreuse s'était émue des pitiés d'Italie! Comment n'eût-elle pas tressailli à la pensée d'ajouter une pierre de plus au monument qu'avait célébré Michelet : « Si l'on voulait entasser ce que chaque nation a dépensé de sang et d'or et d'efforts de toutes sortes pour les choses désintéressées qui ne devaient profiter qu'au monde, la pyramide de la France irait montant jusqu'au ciel »? Pourtant cet enthousiasme ne fut pas seulement guerrier; républicains et libéraux attendaient de la guerre contre le despotisme autrichien des contre-coups dans la politique intérieure; la liberté restaurée chez une nation amie hâterait « la restauration de la liberté française »[1].

Quand l'Empereur, après Solferino, tourna court devant la menace de l'Allemagne en armes, il fut approuvé, sauf par l'opposition irréconciliable, qui blâmait tout indistinctement, mais qui le mit aussitôt en demeure d'abdiquer sa dictature. La France avait droit au moins « à la liberté comme en Autriche[2]. »

La guerre du Mexique, impopulaire du premier jour, fut également engagée par surprise.


## IV.


Mais où la volonté pacifique de la France se rencontra avec la politique personnelle de Napoléon III, ce fut à l'endroit de la Prusse et de l'Allemagne. La politique allemande de l'Empereur a été tout le temps néfaste; elle fut obstinément pacifique jusqu'à l'heure d'aberration où il tomba au piège de Bismarck. Des fanfaronnades de journalistes ont donné à croire que le Rhin fut une pensée secrète de Napoléon III et que la France, sous son règne, recommença à convoiter les pays de la rive gauche. Il n'en fut rien.

On a pu se demander si la guerre n'eût pas été légitime ou, pour le moins, politique, avant qu'eussent poussé les grandes ailes de l'aigle noir. De fait, on laissa passer le moment, d'ailleurs assez difficile à fixer, où la guerre préventive eût été possible.

1. Discours de Jules Favre au Corps législatif.
2. Selon le mot d'Eugène Pelletan.

Il y eut trois époques dans l'histoire des rapports entre la France et l'Allemagne sous le second Empire.

La pensée du Rhin fut parfaitement absente de la première (1852-1866) ; les regrets du Rhin s'en étaient allés avec les générations révolutionnaires et militaires qui l'avaient conquis et qui avaient à peu près disparu[1] ; on ne citerait pas un mot de Napoléon III donnant à croire qu'il en eût même l'arrière-pensée ; Morny, l'ayant un jour incité à reprendre la rive gauche, il lui dit qu'elle serait « sa Vénétie », à moins que les Allemands ne le jetassent dans le fleuve[2]. Plus encore : l'Empereur, pendant ces quatorze années, continua à rechercher l'alliance de la Prusse, gardienne du Rhin pour l'Europe depuis le traité de Vienne, et à lui souhaiter, sinon à lui offrir, des agrandissements afin de l'avoir mieux dans le jeu de ses desseins italiens. Les preuves en abondent dans la correspondance diplomatique et dans tout ce qui a été publié des actives correspondances secrètes.

Si l'alliance prussienne ne fut pas conclue, ce fut parce que le roi Guillaume s'y refusa constamment par piété envers le souvenir de la reine Louise, et avec sa morgue de Hohenzollern pour qui les Bonaparte n'étaient que des parvenus[3] ; roi de droit divin, aristocrate et féodal, il avait la haine et la crainte de la France révolutionnaire. A Ferrières, en septembre 1870, Bismarck dira crûment à Jules Favre que le roi souhaitait la restauration du comte de Chambord.

Le deuxième acte fut très court ; l'Empereur, pendant quelques journées de juillet 1866, au lendemain de Sadowa, céda beaucoup moins à une tentation personnelle qu'à la pression de ses ministres affolés, quand il demanda à Bismarck, mais sans insister, l'octroi gracieux de territoires bavarois et hessois sur le Rhin.

Enfin, de 1866 à 1870, il vit, dans des intervalles de lucidité, venir la guerre, mais sans s'y préparer efficacement et toujours avec l'espérance, qui était pour l'immense majorité de la nation une certitude, de l'éviter. Même, en 1867, il revint à son projet de l'alliance prussienne[4].

1. Renan, *Réforme intellectuelle et morale*, p. 22.
2. Ollivier, t. III, p. 101 : « Il ne pensa jamais au Rhin. »
3. C'est ce que dit expressément Filon, *Souvenirs sur l'impératrice Eugénie*, p. 208.
4. Voir plus loin, p. 24.

En résumé, il ne voulut la guerre ni pour le Rhin, ni contre l'unité allemande; bien plus, il favorisa constamment les desseins de la Prusse en Allemagne et lui offrit, sans se lasser, son alliance.

Ses sympathies persistantes pour l'Allemagne et pour les Allemands, toujours les bienvenus aux Tuileries, s'expliquent par des souvenirs de jeunesse et par certains traits de son caractère; son désir de l'alliance prussienne est déjà dans son premier manifeste, ces *Idées napoléoniennes* qui furent comme son bréviaire politique. Il y regrettait, en propres termes, que Napoléon eût été « obligé de dompter la Prusse », alors qu'il avait pensé d'abord à « l'étendre, la fortifier et l'agrandir pour assurer, par son concours, l'immobilité de l'Angleterre et de l'Autriche[1] ». Par conséquent, au lieu de s'inquiéter qu'elle fût devenue la Macédoine et le Piémont de l'Allemagne et qu'elle se fût donné, sur le tard, une mission allemande, il lui en faisait honneur et s'en félicitait. Son père, le roi Louis, avait dit : « La Prusse est l'alliée et l'amie indispensable de la France[2]. » Il va répéter avec Victor Hugo que l'Autriche représente le passé, la Prusse l'avenir, et il va confier à Cavour que la Prusse ne peut se contenter d'un rôle secondaire : « Appelée à une plus haute fortune, elle doit accomplir en Allemagne les grandes destinées qui l'attendent et qu'on attend d'elle[3]. »

On ne peut accuser que d'un manque de clairvoyance Louis XIV installant le premier la Prusse sur le Rhin et Louis XV l'aidant à s'emparer de la Silésie, l'un et l'autre parce qu'ils continuaient à voir l'ennemi principal à Vienne, où le Habsbourg n'était plus que l'ombre du Saint-Empire, alors qu'à Berlin le Hohenzollern grandissait, dru et fort.

On s'étonne que la République et Napoléon aient cherché, malgré l'expérience de la guerre de Sept ans et du partage de la Pologne, à s'appuyer sur Berlin, où les ambitions avaient grandi avec les conquêtes, contre Vienne, où l'Angleterre maintenait avec peine sa succursale continentale.

Mais qu'après 1813, 1814 et 1815, il se soit trouvé un gouvernement français, surtout sous un neveu de l'Empereur, pour favoriser les desseins de la Prusse et l'appuyer contre l'Au-

---

1. Page 133, avec une citation des *Mémoires* de Bignon.
2. *Réponse à Sir Walter Scott sur son « Histoire de Napoléon »*, p. 90.
3. Cavour à Villamarina, 7 décembre 1858.

triche, c'est ce qui déconcerterait le bon sens si la cause profonde de la faute n'était pas le prétendu principe qui fut l'idée fixe de Napoléon III. L'ambition de réformer le monde par la conquête, qui avait été celle de Napoléon Ier, coûta à la France les frontières de la République; l'ambition de réformer le monde par la politique des nationalités va coûter à la France, pendant près d'un demi-siècle, les limites de la monarchie.

## V.

Si aveugle qu'ait été la politique prussienne de Napoléon III, elle avait pourtant, ou plus exactement, elle aurait dû comporter un avantage au regard non seulement de l'Allemagne, mais encore de l'Angleterre et de la Russie; elle impliquait la renonciation aux conquêtes rhénanes. Si Napoléon III avait voulu reprendre la marche classique vers le fleuve, il eût fait choix de l'alliance autrichienne. La violente hostilité de Napoléon III contre l'Autriche aurait dû suffire à rassurer l'Allemagne sur le Rhin.

Or, l'Allemagne ne se rassura point, incapable d'admettre soit le désintéressement territorial de la France, soit la sincérité de Napoléon III; — l'Empereur certainement « voulait quelque chose d'énorme, alors que, pour rien au monde, les Allemands ne voudraient voir un lambeau de leur pays aller à la France[1] »; — ou elle feignit de rester inquiète afin de justifier ses propres desseins sur l'Alsace. A chaque génération qui avait appris à lire dans la chanson d'Arndt : « Aussi loin que retentit la langue allemande... », le caractère ethnique des revendications s'était précisé. Les Universités, qui se targuaient d'être les succursales des casernes, fabriquaient avec la même pâte un droit germanique antérieur et supérieur à tous les autres, la religion des temps primitifs et un patriotisme méthodiquement étendu de la nation à la race. L'idée de l'unité évoquait la reprise de l'Alsace et de la Lorraine, en même temps que celle des duchés de l'Elbe et de tous les anciens pays teutoniques.

L'évolution de l'Allemagne et celle de la France se développèrent ainsi en sens contraire; longtemps rebelle, sauf dans le domaine de l'art, aux influences étrangères, le génie français

1. Dépêche de Méroux de Valois, agent à Kiel, du 26 mars 1866, à Drouyn de Lhuys (*Origines diplomatiques de la guerre de 1870*, t. VIII, p. 75).

tendait alors à une sorte de cosmopolitisme et subissait surtout l'influence de l'Allemagne. Il n'y avait rien eu de plus beau pour Hugo que le moyen âge allemand; pour le vieux Michelet et pour le jeune Renan, rien n'était plus noble que la Réforme de Luther et l'*Impératif* de Kant; ils appelaient, et presque tous les savants avec eux, l'Allemagne leur maîtresse. Au contraire, le génie allemand se concentrait sur lui-même et se durcissait. Bismarck n'eut plus qu'à paraître sur la grande scène que la philosophie et la science, Hegel et Niebuhr, lui avaient préparée.

Napoléon III eut si peu le sentiment de ce qu'était devenue l'Allemagne de sa jeunesse qu'il se flatta de son concours, pour le moins moral, dans sa campagne d'Italie. Il fut stupéfait quand, du premier jour de sa croisade, l'Allemagne se souleva et réclama une levée en masse pour partir en guerre au secours de l'Autriche. Il avait accueilli avec un sourire l'Angleterre l'avertissant que l'Autriche vaincue aurait droit aux secours de la Confédération germanique et qu'ainsi son entreprise italienne risquait de conduire à une crise européenne, « où la France, comme en 1814 et en 1815, aurait contre elle toutes les puissances »[1].

L'effervescence allemande en 1859 dépassa d'autant l'excitation française de 1840 qu'une tempête en haute mer un orage d'été. Toutes les haines cuites et recuites des hobereaux, des militaires, des universitaires, éclatèrent. Un bon observateur anglais écrivit : « Les événements ont réveillé l'esprit de 1813 et de 1815[2]. » Le duc de Saxe-Cobourg « brûlait du désir » de courir à la frontière[3]; Moltke déclarait que l'heure était venue d'écraser la France; le prince régent, le futur roi et empereur Guillaume, négociait à Vienne le paiement du concours prussien et mobilisait, pour commencer, six corps d'armées et toute la cavalerie[4]; Schleinitz, son ministre des Affaires étrangères, annonçait à ses agents l'imminence d'une guerre avec la France[5]; des centaines de brochures et d'articles, « élucubra-

---

1. Lettres du prince Albert (9 décembre 1858), de la reine Victoria (4 février 1859).

2. Rapport du consul général d'Angleterre à Leipzig, 3 mars 1859, dans Matter, *Bismarck et son temps*, t. I, p. 463.

3. Malmesbury, *Mémoires d'un ancien ministre*, p. 287.

4. Kluppfel, *Geschichte der deutschen Einheitsbestrebungen*, t. I, p. 199.

5. Circulaire du 25 juin 1859.

tion en prose et en vers » — ainsi les qualifiait Bismarck[1] —
réclamèrent le retour de l'Alsace et de la Lorraine à la patrie
allemande ; la guerre « inévitable » serait « une guerre à mort »
jusqu'à la libération des vieilles terres impériales[2].

La poussée vers le Rhin ne fut pas moins violente dans les
États du sud ; en Saxe, une seule chose embarrassait le ministre
Dalwigk : à qui donnerait-on l'Alsace[3] ?

L''Empereur se trouva ainsi dans la nécessité ou « d'accepter
la lutte sur le Rhin comme sur l'Adige[4] », ou de traiter tout de
suite sur le Mincio, n'exigeant de l'Autriche que la Lombardie
et lui laissant la Vénétie. Il décida de céder, et juste à temps,
alors, dira plus tard Bismarck, « qu'il ne s'en fallait que de
l'épaisseur d'un cheveu que la Prusse fût entraînée dans une
grande guerre de coalition européenne »[5]. Le traité de Villa-
franca fut un acte de bon sens, mais qui fut suivi presque aussitôt par les pires fautes.

Les révolutions de Toscane et de Naples, bien qu'elles n'eussent
été rendues possibles que par les victoires françaises, laissèrent
l'Italie libre de se constituer à sa guise, dans un royaume uni et
non pas sous la forme fédérale que Napoléon III, s'il était allé
jusqu'au bout de sa promesse, aurait peut-être pu imposer. Surtout, la question italienne demeurait ouverte, puisque Venise
restait aux Autrichiens et Rome au pape sous la protection des
troupes françaises.

L'Empereur avait rendu un service assez signalé à l'Italie,
comme aucune nation n'en avait reçu d'aucune nation, et il
avait rencontré déjà assez d'ingratitude pour être en droit de se
désintéresser de la Vénétie.

L'intervention de l'Allemagne, et surtout de la Prusse, en
faveur de l'Autriche, l'obligation de s'arrêter devant elle en pleine
victoire, eussent pu lui laisser quelque dépit, en tout cas l'éclairer. Il eut, semble-t-il, pendant une heure, le sentiment qu'il
n'avait pas des devoirs seulement envers l'Italie. Puis il redevint
prisonnier de sa mission, de sa vanité d'auteur : signer l'Italie,
*Napoleo fecit*, et, plus que jamais, il crut à la Prusse.

1. *Correspondance diplomatique*, t. II, p. 427.
2. *Grenzboten*, de mai 1859.
3. Beust, *Mémoires*, t. I, p. 174.
4. Discours de l'Empereur aux grands corps d'État.
5. Discours au Reichstag, du 6 février 1888.

A la veille de la guerre de Crimée, il avait dit au Corps législatif : « J'ai à me féliciter de mes relations avec la Prusse qui
n'ont cessé d'être animées d'une bienveillance naturelle[1]. » Au
lendemain de la guerre d'Italie, après la victorieuse explosion
prusso-allemande, il insista : « Le roi de Prusse, en venant en
France, a pu juger par lui-même de notre désir de nous unir
davantage à un gouvernement et à un peuple qui marchent d'un
pas calme et sûr dans la voie du progrès[2]. »

Incorrigible, il ne voyait que ce qu'il souhaitait voir.


## VI.


Il n'y avait eu en Allemagne que deux hommes pour se tenir
à l'écart du mouvement contre la France et pour conseiller l'un
au peuple, l'autre au roi de Prusse, de prendre parti contre
l'Autriche. C'était, par fidélité à l'esprit de la révolution de 48,
le socialiste Lassalle, et, parce qu'il savait voir plus loin que le
soir de la journée, l'ancien ministre de la Prusse auprès de la
diète, Bismarck.

Lassalle avait écrit[3] : « Si nous avions pour roi un autre
Frédéric, il attaquerait l'Autriche à l'instant et ferait l'unité de
l'Allemagne », en même temps que par son entente avec la
France il l'aiderait à achever l'unité de l'Italie. Sur l'injonction de Karl Marx, Lassalle désavoua son idée ; Bismarck la
recueillit. Il n'avait pas cessé, de son poste d'observation de
Pétersbourg, de dénoncer les « folies » du gouvernement prussien et des patriotes allemands pendant la guerre d'Italie. Il
était resté le grand voyant du *Rapport magnifique*. Il avait
écrit à son frère : « Si nous aidons l'Autriche à la victoire, nous
lui assurerons une situation comme elle n'en a jamais eu en
Italie et en Allemagne depuis l'édit de restitution, et il faudra
un Gustave-Adolphe ou un Frédéric II pour nous émanciper à
nouveau[4]. »

Dès lors, quatre années durant (1862-1866), Bismarck fut
quelque chose comme le second Cavour de Napoléon III. Aussi

1. 7 février 1854.
2. 29 janvier 1862.
3. Dans sa brochure, *la Guerre d'Italie et le devoir de la Prusse*.
4. *Bismarcks' Briefe*, p. 256 (du 8 mai 1859).

bien, à l'en croire, les deux contemporains qu'il admirait le plus c'étaient l'Empereur et Cavour[1].

Bismarck a-t-il, dès 1862, dit à Disraëli, selon le récit fait par l'homme d'État anglais à un diplomate russe[2], que son dessein, s'il prenait le pouvoir, était d'attaquer le Danemark pour s'emparer du Slesvig et du Holstein, de chasser ensuite l'Autriche de la Confédération germanique et, alors, de faire la guerre à la France? L'anecdote n'a rien d'invraisemblable : Bismarck a fort bien pu se donner la joie orgueilleuse d'annoncer son formidable dessein à l'interlocuteur d'un jour, d'ailleurs avec la pensée méphistophélique qu'on le prendrait pour un fou. Il avait préconisé dans son célèbre rapport de 1856 la guerre « nécessaire » contre l'Autriche, « savant édifice bureaucratique centralisé, qui s'écroulera comme un château de cartes », afin de liquider le système dualiste au profit de la Prusse. Cette guerre, il la préparera sur l'Elbe; il cimentera sur la Seine l'unité allemande. S'il se dit que Disraëli le prendrait pour un rêveur sans conséquence, il se trompa; romancier et homme d'État, politique d'autant plus avisé qu'il connaissait mieux le cœur humain, l'Anglais prévint le Saxon Vitzthum : « Prenez garde à cet homme; il projette ce qu'il dit. » Mais le récit serait-il controuvé que la longue association de Napoléon III et de Bismarck n'en serait pas moins un des plus étonnants paradoxes de l'histoire.

## VII.

A la regarder du côté français, c'est une suite ininterrompue de fautes.

Avec l'ère bismarckienne, où la Prusse, sous le continuateur du grand Frédéric, va monter au plus haut sommet de son histoire, le second Empire va recommencer les irréparables duperies et les tardifs repentirs de la monarchie de Louis XV. Les similitudes ne sont pas seulement apparentes; l'analogie est profonde. Mêmes causes et mêmes effets, plus graves encore.

1. Haussonville, *la France et la Prusse devant l'Europe*, p. 40.
2. Pierre Sabouroff, ambassadeur de Russie à Constantinople. Récit reproduit par Vitzthum, *Saint-Petersbourg und London*, t. II, p. 158; voir Lacour-Gayet (*Bismarck*, p. 112). Bismarck, à l'époque ambassadeur à Paris, était venu à Londres, où il s'était rencontré chez le baron Brunnow, ambassadeur de Russie, avec Gladstone et Disraëli.

Napoléon III, dès 1857, deux ans avant la guerre d'Italie, avait livré ses pensées de derrière la tête à Bismarck, « la plus forte cervelle politique de l'Allemagne », lui avait dit Stéphanie de Bade, un jour que le Prussien était de passage à Paris, et il avait parlé à cet inconnu formidable comme s'il se fût épanché devant un confident de théâtre, devant Persigny ou Fleury. Il souhaitait avant tout, lui dit-il, « une solide entente avec la Prusse » pour ses projets italiens, contre l'Autriche et contre l'Angleterre éventuellement, « si elle s'opposait à son dessein de faire de la Méditerranée un lac un peu plus français ». Peut-être réclamera-t-il « une petite rectification des frontières », mais rien que pour la satisfaction de l'orgueil national, car il n'a aucune vue sur le Rhin, et il paiera volontiers l'alliance prussienne par le Hanovre et les duchés de l'Elbe[1], ainsi qu'il en a déjà donné l'assurance au prince Antoine de Hohenzollern, le père des princes Charles et Léopold[2].

« La politique étrangère », disait Thiers[3], « c'est cette vieille prudence des États vigilants qui ont l'œil sans cesse ouvert sur ce qui les entoure pour empêcher les petits de devenir grands, les grands de devenir plus grands ». Exactement, il en prit le contre-pied.

Mêmes offres, plus pressantes encore, en 1862, quand Bismarck, à la veille de prendre le pouvoir, vint comme ambassadeur à Paris, tant l'Empereur s'obstinait à « trouver à la France et à la Prusse de conformités d'intérêts[4] » et à rechercher cette alliance qui, sans jamais se refuser, se dérobait toujours. Cependant, l'Empereur ne voyait pas ou ne voulait pas voir le jeu de Bismarck, cachant la répugnance du Hohenzollern à se faire l'allié public du Bonaparte. L'année d'après, l'ambassadeur Goltz, rendant compte à Bismarck de l'intimité croissante, écrivit : « Je suis avec César de cœur et d'âme[5]. » « Plaire » à cet homme et l'amuser, c'était sa consigne.

<hr>

1. Bismarck, *Gedanken und Erinnerungen*, t. I, p. 251; conversation avec Keudell dans *Bismarck et sa famille*, p. 50.

2. Geffcken, *Geschichte des orientalischen Krieges*; Rothan, *la Prusse et son roi pendant la guerre de Crimée*, p. 273.

3. Discours du 15 avril 1865.

4. Bismarck, *loc. cit.*, t. I, p. 324; rapport du ministre des Affaires étrangères et lettre à Bernstorff, dans Horts Kohl, *Bismarck Jahrbuch*, t. VI, p. 150 et suiv.

5. 31 août 1863 (Matter, t. II, p. 176).

Quand s'ouvrit la succession des duchés de l'Elbe, au point précis où la politique française pouvait choisir librement et d'une manière décisive entre deux voies opposées, alors que Roon, le ministre de la Guerre, déclarait « qu'on ne pouvait prendre aucune décision sans l'homme des Tuileries », et que l'homme dont on retrouvera le nom au bas de la dépêche d'Ems, Abeken, écrivait : « Que fera Napoléon? c'est la question qui domine toutes les autres »[1], l'Empereur n'eut pas de scrupules à sacrifier le Danemark qui, depuis des siècles, avait été obstinément fidèle à la France. S'il en eut quelque honte, il eut vite fait de rassurer sa conscience, puisque l'entreprise se couvrait, comme il le dira par la suite, de la politique des nationalités[2]. Il fit savoir à Berlin, par Fleury, qu'il était d'accord « sur les projets prussiens d'agrandissement et de prépondérance au détriment de l'Autriche[3] » et, par Drouyn de Lhuys, que, si les populations y consentaient, il n'avait aucune objection à leur entrée dans la Prusse[4].

L'Autriche s'étant laissé péniblement entraîner dans la guerre des duchés et l'Angleterre ayant proposé à l'Empereur d'accorder au Danemark « un appui au besoin matériel », il répondit qu'une guerre entre l'Allemagne et la France serait la plus impie et la plus risquée[5] « et qu'il n'y fallait pas songer ».

Quand éclatèrent ensuite entre Berlin et Vienne le conflit pour le partage du butin danois et, bientôt, la querelle, autrement menaçante, pour la domination en Allemagne, car la question de la réforme fédérale proposée par Bismarck se posait bien ainsi : « Le territoire germanique est désormais trop étroit pour contenir un empereur d'Autriche et un roi de Prusse »[6], Napoléon III fut encore avec la Prusse[7].

Il eût pu, comme il en fut pressé, exiger un morceau de pays rhénan pour prix d'une neutralité qui laisserait à la Prusse le

---

1. Lettre à Bernhardi du 23 novembre 1863, et Abeken, *Ein schlichtes Leben*, p. 391.

2. Lettre à Drouyn de Lhuys du 11 juin 1867.

3. Fleury à Napoléon III, 24 décembre 1864, dans les *Souvenirs de Fleury*, t. II, p. 283.

4. Conversation de Drouyn de Lhuys avec Goltz (dépêche de Drouyn au ministre de France à Dresde, du 4 avril 1864).

5. Drouyn de Lhuys au prince de La Tour d'Auvergne, ambassadeur à Londres, 28 janvier 1864.

6. Cintrat, ministre à Hambourg, à Drouyn de Lhuys, 5 avril 1866.

7. « Visiblement », dit Ollivier, t. VIII, p. 185.

libre usage de toutes ses forces contre l'Autriche. Il se refusa à
faire plier son principe devant l'avantage d'une conquête. Sur
la plage de Biarritz, près des « châteaux en Espagne », ce fut
Bismarck, quand il eut plaidé sa cause — « la mission piémon-
taise de la Prusse », comme il affectait de dire, sachant bien la
puissance des mots, de la Prusse qui avait une configuration
impossible, malheureuse, « l'épaule démise du côté du Hanovre »,
« manquant de ventre du côté de Cassel », mais dès qu'elle
aurait ses membres au complet « elle aurait la liberté de ses
alliances » — ce fut Bismarck qui parla de compensations, et,
nécessairement, aux dépens d'autrui. Il répéta une fois de plus
que le principe des nationalités ne s'opposerait pas à l'extension
éventuelle de la France partout où l'on parle français dans le
monde, c'est-à-dire au Luxembourg et en Belgique[1].

Si l'Empereur retint la suggestion empoisonnée, ce ne fut pas
l'argument qui le décida pour la Prusse; mais, conséquent
avec lui-même, avec les missions de Persigny et de Fleury, il
donnait raison à la Prusse de vouloir se condenser et s'agrandir[2]. De plus, c'était maintenant la Prusse qui, après l'avoir
arrêtée en 1859 au seuil de la Vénétie, la lui promettait pour
l'Italie. Une si belle occasion de satisfaire à la fois ses sympathies allemandes et ses sympathies italiennes, comment la laisser échapper?

La Prusse ayant posé comme condition que l'Italie entrerait
à ses côtés dans la guerre contre l'Autriche, ce fut l'Empereur
lui-même qui négocia leur alliance « offensive et défensive »[3].
L'Italie hésitait; il la prit par la main, la conduisit (à la lettre)
à Berlin avec l'injonction de pousser hardiment la Prusse à la
guerre et de se mettre elle-même en état de la faire[4]. Le mot
de Bismarck à Nigra : « Si l'Italie n'existait pas, il faudrait
l'inventer »[5], est au lendemain de Biarritz.

L'intérêt français était sacrifié, mais la politique personnelle

1. C'est ce qu'il avait dit à Lefèvre de Béhaine à la veille du voyage de
Biarritz (Lefèvre de Béhaine à Drouyn de Lhuys, 25 septembre 1865).

2. Lettre du 11 juin 1866 à Drouyn de Lhuys.

3. Traité d'avril 1866.

4. Dépêches de Nigra relatant les propos de l'Empereur (28 février 1866).
Pareillement, dans les mêmes termes, dépêche d'Arèse sur d'autres entretiens
(30 mars 1866) et de Govone : « M. Benedetti *pousse à la guerre* et nous
pousse à la conclusion du traité » (28 mars 1866). La Marmora, *Un peu plus
de lumière*, p. 121, 122, 139.

5. Nigra à La Marmora (3 novembre 1865).

de Napoléon III, sa grande idée italienne, allait triompher. Le traité dûment signé, l'Empereur se préoccupa encore de procurer à l'Italie une contre-assurance, qui constituait aussi un avantage de plus pour la Prusse. Se tournant vers Vienne, il mit pour condition à sa neutralité que l'Autriche, victorieuse ou vaincue, lui remettrait la Vénétie[1].

Comme l'Autriche y consentit, on se défend difficilement de croire que l'Empereur, avec un peu d'insistance, aurait obtenu de la cour de Vienne l'abandon immédiat de la Vénétie à l'Italie. L'Autriche aurait disposé alors de toutes ses forces contre la Prusse et, avec ce tiers de l'armée que la diversion italienne retint sur l'Adige, elle aurait gagné sans doute la bataille de Bohême. On sait assez qu'elle ne la perdit, même réduite en nombre, que par l'arrivée, à la dernière heure, du prince royal de Prusse. Déjà Bismarck s'apprêtait à se faire tuer, en chargeant avec le dernier escadron des cuirassiers, « plutôt que d'être assommé à coups de balai par les vieilles femmes de Berlin ».

En acceptant à la fois la lutte pour le point d'honneur en Italie et la lutte pour la vie en Bohême, l'Autriche exagérait son imprévoyance. Napoléon III souhaitait la victoire de la Prusse[2]; très consciemment, en obligeant l'Autriche à vaincre en Vénétie, il la fit battre en Bohême.

Aussi bien suffirait-il de lire, si sa politique secrète nous était encore inconnue, ses deux manifestations publiques de la veille de Sadowa. Dans le discours d'Auxerre[3], il annonça, avec une satisfaction extrême, la destruction imminente des traités de 1815, que la défaite de la Prusse aurait consolidés en Allemagne par le maintien de la Constitution fédérale; dans la lettre à Drouyn de Lhuys[4], il se prononça contre l'Autriche sur les trois causes du conflit : la situation géographique de la Prusse *mal délimitée ;* les vœux de l'Allemagne demandant une reconstitution politique *plus conforme à ses besoins généraux;* la *nécessité* pour l'Italie d'assurer son indépendance nationale.

1. Traité du 12 juin 1866.
2. « Il est à ma connaissance personnelle qu'un mois à peu près avant le commencement des hostilités de 1866, l'empereur Napoléon III croyait au succès de la Prusse, et même qu'il le désirait. » (Renan, lettre à Strauss.) L'informateur de Renan, c'est le prince Napoléon.
3. 8 mai 1866.
4. 11 juin.

Si un congrès s'était réuni, il eût, « en ce qui le concernait, désiré pour la Prusse plus d'homogénéité et de force dans le monde de l'Allemagne ».

De l'aveu même de Bismarck, il eût suffi d'une simple démonstration française sur le Rhin pour que la Prusse fût obligée de diviser ses forces. L'Autriche ayant toutes les siennes en Bohême, c'eût été pour la Prusse la défaite certaine.

## VIII.

Napoléon III a donc suivi, jusqu'en 1866, non seulement une politique résolument pacifique à l'égard de l'Allemagne, mais encore une politique résolument favorable à la Prusse. Dans les années suivantes, les dernières du règne, ni l'Empereur ni l'immense majorité de la nation ne voulurent davantage la guerre, mais sans que la politique devînt moins incohérente et plus clairvoyante.

Les contemporains furent très peu instruits des négociations de Napoléon III avec la Prusse. Cependant, il en avait assez transpiré et, après Sadowa, les faits parlèrent assez haut pour inquiéter quiconque ne se payait pas de formules.

La politique de croisade avait eu son heure de popularité, surtout dans les milieux démocratiques. Les affaires d'Italie avaient fort contribué à en montrer les inconvénients. Un peuple qui s'attribue la mission d'affranchir tous les peuples opprimés ne risque pas seulement la guerre avec tous les gouvernements oppresseurs, il s'expose à voir se retourner contre lui la liberté qu'il a apportée.

Ainsi l'Italie nous savait moins de gré de lui avoir conquis la Lombardie, de l'avoir encouragée à révolutionner la Toscane et les deux Siciles et de lui avoir donné la Vénétie, qu'elle ne nous en voulait de l'empêcher d'aller à Rome, où nous montions toujours la garde autour du pouvoir temporel. Bien plus, ayant échoué à conquérir la Vénétie de vive force, battue sur terre à Custozza et sur mer à Lissa, elle nous en voulait encore de lui en avoir fait le don, qu'elle qualifiait d'« humiliant » et, comme on disait alors, d' « avoir eu à notre doigt, avant de le passer au sien, l'anneau de saint Marc »[1]. La presse créa de toutes

1. Marc Dufraisse, *Histoire du droit de paix et de guerre*, p. 464.

pièces la légende qu'au moment où Napoléon III proposa, ou imposa, l'armistice après Sadowa, l'armée, tout à coup relevée de ses défaites, s'apprêtait à passer les Alpes et à opérer sa jonction avec les Prussiens devant les murs de Vienne. Alors ce n'eût pas été seulement Venise qui fût redevenue italienne, mais toute la montagne de Trente, l'Istrie avec Trieste, la Dalmatie[1].

Il flottait néanmoins autour de notre politique italienne comme une poésie qui faisait totalement défaut à la politique allemande. La politique du sentiment est périlleuse; elle a sa logique. Dans la guerre des Duchés, le sentiment s'était prononcé pour le petit et héroïque Danemark. Dans la guerre de 1866, beaucoup de sympathies étaient allées à l'Autriche, dépouillée par la Prusse des territoires qu'elles avaient conquis ensemble. Comme Bismarck était resté étroitement cuirassé dans sa diplomatie réaliste, il ne parlait pas aux imaginations. Il ne libérait pas, il prenait.

L'opinion avait commencé de bonne heure à voir clair. Alors que Napoléon III emmêlait encore sa mission italienne, qu'il proclamait, et sa mission allemande, qu'il se gardait d'avouer, les faits se dégageaient des illusions; ils apparaissaient comme menaçants pour la sûreté du pays. Si les traités de 1815 avaient méconnu les droits des peuples, au moins avaient-ils été dressés contre l'ambition des conquérants. Ils étaient détruits, mais au profit de conquérants italiens et allemands.

Si l'on regardait à la carte, on y voyait que la France avait tout juste retrouvé sa frontière des Alpes, pendant que le Piémont s'était étendu sur toute la Péninsule et que la défaite de l'Autriche avait livré l'Allemagne à la Prusse. Sans doute, la France pouvait se satisfaire de la place qu'elle occupait alors et qui est exactement celle qu'elle a retrouvée aujourd'hui; mais à la condition, toutefois, de ne pas se sentir menacée; or, comment des inquiétudes ne lui seraient-elles pas venues de deux grands États substitués sur ses flancs à des poussières d'États? Ainsi l'Empereur n'avait abaissé le Habsbourg que pour élever le Hohenzollern. Il n'avait supprimé le moindre danger que pour lui substituer un plus grand péril! Thiers avait eu raison[2] : Napoléon III « s'était prêté à réédifier l'ancien empire germa-

1. Dépêche de Malaret du 14 juillet 1866; Harcourt, *les Quatre ministères de Drouyn de Lhuys*, p. 263.
2. Discours du 3 mai 1866.

nique que la France avait peu à peu démoli pendant deux siècles
de batailles, depuis Marignan jusqu'à Almanza » ; le *Monstre*
« qui résidait autrefois à Vienne résiderait à Berlin, plus près
de la frontière », la pressant et la serrant et, « pour com-
pléter l'analogie, au lieu de s'appuyer, comme dans les xv$^e$ et
xvi$^e$ siècles, sur l'Espagne, s'appuyant sur l'Italie ».

## IX.

Au lendemain de l'éclair qui laissa entrevoir un peu d'avenir,
ce que l'opinion comprit surtout, ce fut que l'Empereur n'avait
pas fait une politique française. Il avait fait d'abord de la politique italienne, et ensuite avait travaillé pour le roi de Prusse.
L'un de ses meilleurs ambassadeurs, du haut poste d'observation
qu'est le Vatican, allait l'écrire durement : « Ce que je reproche à
ce qui se fait, c'est de n'être pas français. Faites de la politique
française. L'Empereur n'a pas charge de peuples ; il a charge
du peuple français[1]. » Mérimée, observateur exact, compara
l'inquiétude qui se manifestait de toutes parts à l'angoisse
étrange qui saisit le spectateur du *Don Juan* de Mozart,
lorsqu'il entend les mesures qui préludent à l'entrée du comman-
deur. Sauf quelques journaux de la presse démocratique, achar-
nés contre l'Autriche, toute la presse donna de la voix. La média-
tion de Napoléon III, bruyamment annoncée — il avait fait
pavoiser Paris comme « pour une grande victoire[2] » — ne fit
illusion à personne. Il fut sommé, ou peu s'en fallut, par le monde
de la cour et par ses vieux partisans de donner satisfaction
à l'opinion. Déjà ébranlé par le Mexique, l'Empire l'était bien
davantage en Bohême. Randon, ministre de la Guerre, fut le premier à appeler Sadowa « une défaite française ».

Napoléon III, qui avait été à la fois complice et dupe, ne voulut ni reconnaître qu'il avait été complice ni convenir qu'il avait
été dupe.

Bien qu'il fût l'homme du monde qui eût lu le plus avant dans
l'Empereur, Bismarck lui avait prêté des arrière-pensées réa-
listes : « Napoléon III, » avait-il dit au général Govone, « désire
une grande guerre allemande, parce qu'à la tête d'une armée

____

1. Lettre (particulière) de Sartiges, du 17 septembre 1866.
2. Darimon, *le Tiers Parti*, p. 401.

comme l'armée française, on peut *toujours* trouver sa part du profit. » Le pouvait-on encore?

L'Empereur, s'il ne se fût engagé ni à Berlin ni à Florence, et même s'il avait eu l'audace de se dégager, aurait paru certainement sur le Rhin avec de très grandes chances avant la bataille. Maintenant, après Sadowa, tout l'échiquier était bouleversé. Ce n'est pas à dire que le coup de l'intervention militaire n'aurait pu être tenté. Il faut convenir pourtant que l'Empereur, après avoir poussé à la guerre la Prusse et l'Italie — et il y en avait des preuves écrites[1] — se fût exposé à de terribles répliques; que Bismarck, à dévoiler les conversations de Benedetti et les négociations avec Govone, aurait eu beau jeu contre lui, et que l'intervention militaire de la France eût fort bien pu réunir contre elle tous les Allemands, Prussiens, Autrichiens, gens du Sud et gens du Nord.

C'est ce qu'écrivaient les agents attentifs : La Rochefoucauld, d'Astorg : « A la veille de Sadowa, une puissance qui aurait prêté aux États (de la Confédération) son assistance matérielle contre la Prusse aurait trouvé 300,000 hommes au plus bas mot pour lui servir d'avant-garde. Aujourd'hui, l'Allemagne tout entière se soulèverait en armes contre la puissance étrangère qui paraîtrait sur le Rhin[2]... » Dalwigk, premier ministre du Hesse-Darmstadt, le dit brutalement, non sans regret : « La France a perdu sa force en Allemagne. En juin, nous aurions été avec vous, si vous nous aviez secourus. Nous désirions franchement votre secours. Maintenant, l'Allemagne est conquise; elle est *une* vis-à-vis de vous. Nous sommes enrégimentés. Le jour où vous ferez un pas, nous aimerons encore mieux tirer sur vous que de périr chez nous par les soins de la Prusse[3]. » Bismarck, d'autre part, est convenu que l'intervention, même en juillet, l'eût mis dans une situation très difficile; « elle aurait obligé l'armée prussienne à couvrir Berlin et à abandonner ses succès en Autriche[4] ».

Quoi qu'il en soit, l'Empereur n'eut pas plus tôt décidé de mobiliser, à la demande pressante de quelques-uns de ses ministres, qu'il donna contre-ordre le soir même (5 juillet), tant il répugnait

1. Voir plus haut, p. 15.
2. La Rochefoucauld à Drouyn de Lhuys, de Darmstadt, 12 août 1866.
3. D'Astorg à La Valette, de Darmstadt, 25 septembre 1866.
4. Discours du 16 janvier 1874.

toujours à l'idée « impie » d'une guerre contre l'Allemagne, escomptait encore l'alliance prussienne, subissait les influences italiennes, nécessairement hostiles à toute démonstration française[1]. Aussi bien la non-intervention était-elle une politique qui se pouvait défendre, comme l'intervention eût été une politique qui se serait justifiée; le défi au bon sens, ce fut le troisième parti auquel s'arrêta l'Empereur.

Il n'y a pas, dans toute la diplomatie impériale, de plus désolant chapitre que celui des demandes de compensation de 1866. Tout ce que les avocats de Napoléon III ont pu dire ici à sa décharge, c'est que, malade, irrité — tel « un homme qui n'a pas sa bonne conscience[2] » — il ne fit que céder aux objurgations de l'entourage et qu'accepter de ses conseillers intimes l'idée, absurde entre toutes, que la Prusse victorieuse, devenant la tête et la maîtresse de l'Allemagne, consentirait à céder bénévolement un arpent de terre allemande à seule fin de donner satisfaction à l'amour-propre des Français et de remettre en selle leur chef désarçonné, et l'idée détestable de s'emparer de la Belgique avec le concours de Bismarck et de ses armées.

## X.

Aux termes d'une dépêche de Drouyn de Lhuys à Benedetti, dont communication fut faite à Bismarck vingt jours après Sadowa, « l'équité et la convenance » voulaient que « l'Empire français reçût des compensations propres à accroître dans une certaine mesure sa force défensive »[3]. A Nikolsbourg, Benedetti, par ordre, était resté dans le vague; à Berlin, en août, il réclama la rive gauche du Rhin jusque et y compris Mayence. « Idée personnelle de Drouyn de Lhuys », selon l'Empereur[4]. Pourtant Napoléon III ne dit point que, si malade qu'il ait été au moment où s'ouvrit la négociation, il n'en ait pas été instruit. Drouyn de Lhuys précise que les instructions de Benedetti furent « revues, corrigées et agréées par Sa Majesté[5]. »

Le refus de Bismarck fut immédiat et catégorique[6]. Au dire

1. Harcourt, *loc. cit.*, p. 261.
2. Récit du prince de Reuss sur sa conversation du 6 juillet avec Napoléon.
3. 23 juillet 1866.
4. Lettre du 12 août 1866 à La Valette (voir plus loin, p. 31).
5. Lettre de Drouyn de Lhuys à l'Empereur, du 12 octobre 1867.
6. 5 et 7 août 1866.

de Benedetti, « la conversation ne cessa pas un seul instant d'être convenable et courtoise »[1]. Bismarck, selon son récit, mais il a toujours eu le goût de dramatiser, aurait répondu à l'ultimatum : « C'est bien, nous aurons la guerre », puis il aurait menacé de s'entendre avec l'Autriche : « Nous vous prendrons l'Alsace[2]... »

Dès qu'il eut la communication de Benedetti, Bismarck envoya le général de Manteuffel à Pétersbourg. Le tzar s'inquiétait de voir déposer si lestement des dynasties (Hanovre, Hesse, Nassau) « qui régnaient aussi bien que celle de la Prusse par la grâce de Dieu ». Le roi de Prusse avait beau se réclamer contre ces princes du dieu allemand : « D'après les décrets de la Providence, le sort a décidé contre eux »[3]; le procédé sentait la révolution. Mais le tzar n'eut pas plutôt connaissance des projets français qu'il retrouva le calme de sa conscience. Il avait songé à proposer un congrès; il n'en prononça plus le mot.

Benedetti étant retourné à Paris avec le refus de Bismarck, l'Empereur déclara à Goltz que toute l'affaire était un malentendu et que Drouyn de Lhuys avait abusé de son état de maladie pour l'y engager. Il restait l'ami de la Prusse et reconnaissant d'avance les annexions. Goltz télégraphia à Berlin que tout danger de guerre était écarté[4]. Drouyn de Lhuys se rabattit alors sur l'idée, que l'Empereur approuva, de constituer la rive gauche du Rhin en un État indépendant et neutre, « un établissement analogue à celui de la Suisse moderne ou de la Belgique », d'ailleurs sous un prince de la famille de Hohenzollern[5]. Cela rendrait à la Prusse le sacrifice moins pénible. On peut supposer que Napoléon avait pensé à l'un de ces Hohenzollern-Sigmaringen, alliés des Bonaparte, qu'il affectionnait beaucoup, Charles, qu'il allait prochainement faire prince de Roumanie, ou Léopold, le futur candidat au trône d'Espagne. Comme pour ajouter à l'incohérence de ces temps désemparés, Drouyn de Lhuys ne chargea pas de la négociation l'ambassadeur, mais un écrivain danois[6] que Bismarck ne voulut même pas recevoir, n'ayant pas de pouvoirs réguliers.

1. Benedetti, *Ma mission en Prusse*, p. 181; dépêches des 6 et 8 août 1866.
2. Discours au Reichstag, du 16 janvier 1874.
3. Exposé des motifs des projets de loi sur l'annexion à la Prusse.
4. Sybel, *loc. cit.*, t. V, p. 283.
5. *Mémorandum.*
6. Hansen.

Ce fut le dernier acte de ce ministre d'ancien régime, honnête, instruit, élégant, qui fut constamment victime de la diplomatie secrète de l'Empereur. Il n'attendit pas que sa démission lui fût demandée ; il la donna, au surlendemain de sa combinaison rhénane, à la grande joie des partisans de l'entente prussienne[1] ; *l'intérim* des Affaires étrangères fut donné au ministre de l'Intérieur, La Vallette, et Rouher, le vice-empereur, prit en mains les négociations avec la Prusse pour une autre compensation que la rive gauche, et, cette fois, en plein accord avec l'Empereur.

Voici maintenant la grande tache : Napoléon III offre à Bismarck son alliance défensive et offensive ; il reconnaîtra toutes les annexions de la Prusse ; celle-ci, en retour, cédera la frontière de la Sarre, consentira à la réunion de Landau et du Luxembourg à la France et accordera son concours militaire pour la conquête éventuelle de la Belgique.

La France avait signé au traité qui garantissait l'indépendance et la neutralité de la Belgique ; récemment, les ministres anglais, d'autant plus respectueux de la parole britannique qu'ils restaient plus fidèles à une tradition remontant pour le moins à la guerre de Cent ans, avaient répété à nos ambassadeurs à Londres : « Si vous attachez du prix au maintien de la paix, prenez vos compensations, faites ce que vous voudrez du côté de l'Allemagne, mais ne touchez pas à la Belgique[2]. » Mais l'entourage ne cessait de répéter, et Benedetti était allé jusqu'à dire candidement à Bismarck[3], que « la dynastie serait en danger si l'opinion publique n'était pas apaisée par des concessions territoriales ». Le tentateur prussien avait tant de fois montré la Belgique que l'Empereur se laissa glisser au piège.

Récemment encore, Bismarck a repris son vieux jeu de diable ironique. A Nikolsbourg, il dit à Benedetti que l'Empereur « devait chercher un équivalent en Belgique et s'offrait de s'entendre là-dessus avec lui »[4] ; à Berlin, après avoir refusé la rive gauche, il s'offrit à prendre avec l'Empereur « d'autres engagements qui seraient de nature à satisfaire les intérêts res-

1. Rothan, *la Politique française en 1866*, p. 364.
2. Ollivier, t. VIII, p. 566.
3. Commentaires sur les papiers de Cerçay, dans le *Reichsanzeiger* du 21 octobre 1871.
4. Benedetti à Drouyn de Lhuys, 26 juillet 1866.

pectifs des deux pays »[1] ; il expliqua, une autre fois, à Lefèvre
de Béhaine que, « tout en respectant l'autonomie de la Belgique »,
la France pouvait l'unir à elle par des liens si étroits « qu'elle
deviendrait au nord son véritable boulevard ». Ainsi excellait-il
à entretenir ces illusions qui, dira-t-il le jour où il révélera
l'affaire belge, sont « propres aux hommes d'État français[2] ».
C'était aussi le refrain de Goltz, plus écouté que jamais, empressé
auprès de l'Impératrice, avec qui l'Empereur s'épanchait plus
volontiers qu'avec ses ministres « orléanistes », comme s'il avait
été un agent italien. Goltz répétait à qui voulait l'entendre que
la réunion de la Belgique à la France, même par la conquête,
serait « légitime en principe » ; l'opinion ainsi satisfaite, il n'y
aurait plus d'obstacle à « l'alliance nécessaire et féconde entre
la Prusse et la France »[3].

Napoléon III n'eut aucune suspicion du côté prussien : Bismarck, comme naguère Cavour, ne pouvait jouer que franc jeu
avec qui lui avait rendu tant de services. Il paraît bien que,
du côté de sa conscience, il éprouva quelques difficultés. Il par-
vint à se rassurer. Est-ce que l'Empereur, à Sainte-Hélène, n'avait
pas annoncé qu'il n'y aurait en Europe « d'équilibre possible
que par les agglomérations » ? Agglomérations italiennes, allemandes, franco-belges, c'était bien la vision du grand homme.
Il y a bien aussi le droit des peuples de se donner une patrie ;
mais les peuples sont une chose, les « nationalités » en sont une
autre. Lui, l'homme de la politique des nationalités, ne se démen-
tira pas, mais il interprète. On a trouvé dans les papiers des
Tuileries cette note dictée à son secrétaire Conti : « Si la France
se place hardiment sur le terrain des nationalités, il importe
d'établir qu'il n'existe pas une nationalité belge et de fixer ce
point essentiel avec la Prusse. » Pour détruire à Berlin « la con-
viction que nous n'avons pas renoncé à revendiquer la rive
gauche », — il l'avait laissé revendiquer la veille —,« il faut
un acte, et celui qui consisterait à régler le sort ultérieur de la
Belgique de concert avec la Prusse, en lui prouvant que l'Empereur cherche décidément ailleurs que sur le Rhin l'extension
nécessaire à la France, nous vaudra du moins une certitude

1. Benedetti, *loc. cit.*
2. Circulaire de juillet 1870.
3. Rothan, *loc. cit.*, p. 379.

relative que le gouvernement prussien ne mettra pas d'obstacle à notre agrandissement dans le Nord[1]. »

Ces sophismes ayant paru bons à Rouher, l'empereur, à l'insu de Drouyn de Lhuys qui continuait à expédier les affaires, lui confia la détestable négociation. Le vice-empereur eut vite fait de se mettre d'accord avec Benedetti, à l'ordinaire plus clair-voyant, mais qui, pendant quelques heures, va se voir passer grand homme. Ils signeront leurs dépêches secrètes de noms convenus : « Jacques » et « Mariette ». Benedetti va rentrer à Berlin où un courrier spécial lui portera les instructions de l'Empereur.

Comme Rouher, entre autres papiers d'État, avait gardé dans son château de Cerçay les principales pièces de l'affaire belge, tous ces papiers tombèrent en 1870 aux mains de soldats meck-lembourgeois. Bismarck les fit venir à Versailles. L'année d'après, il publia dans le *Moniteur de l'Empire allemand* des fragments importants de la correspondance échangée, en août 1866, entre Rouher et Benedetti. Le traité de Versailles a fait revenir à Paris les papiers de Cerçay (s'il y manque certaines pièces, c'est une autre question). On y a trouvé le dossier, manifestement au complet, de la négociation de 1866. Il n'apporte rien d'essentiel à ce que l'on savait déjà par Bismarck, mais il ne laisse plus de place à la contestation.

Les instructions pour Benedetti sont datées du 16 août : « J'ai eu », écrit Rouher, « une longue conférence avec l'Empereur et cet entretien a eu pour résultat de confirmer sur tous les points nos appréciations communes. » La négociation doit avoir « un caractère exclusivement amical » ; « elle doit être essen-tiellement confidentielle » ; « suivant les chances de succès, les demandes doivent parcourir trois phases successives » : Bene-detti commencera par réclamer la frontière de la Sarre, Landau, Luxembourg et, « par un traité d'alliance, offensive et défen-sive, qui serait secret, la faculté d'annexer ultérieurement la Belgique » ; l'Empereur renoncerait, s'il le fallait, à Sarrebruck, à Sarrelouis et « à cette vieille bicoque de Landau » ; enfin, « pour apaiser les résistances de l'Angleterre, on pourrait cons-tituer Anvers à l'état de ville libre ». Si Bismarck demande « quels avantages lui offre un pareil traité », la réponse sera simple : « Il assure à la Prusse une alliance puissante ; il con-

1. *Papiers des Tuileries*, t. I, p. 16-17.

sacre toutes ses acquisitions; Bismarck ne consent à laisser prendre que ce qui ne lui appartient pas. »

Benedetti, tout de suite, « s'en tint au Luxembourg et à la Belgique (23 août) ». Bismarck, sans difficulté, accepta, mais fit ajouter, ce qui fut admis par Benedetti, que l'Empereur donnait d'avance son assentiment « à l'union fédérale de la Confédération du Nord avec les États du midi de l'Allemagne ». Il va s'employer, écrit Benedetti, à décider le roi, « souverain défiant et irrésolu ». Il est convenu que l'Empereur et le roi, Bismarck, Rouher et Benedetti resteront seuls dans le secret. Comme Benedetti a reçu de Rouher, non un projet de traité en forme, mais seulement « le résumé succinct et précis des instructions de Sa Majesté », il lui envoie, « à l'état d'ébauche », Bismarck en ayant conservé une copie, la rédaction qu'ils ont élaborée. « Ils remanieront, s'il le faut, ce premier projet, quand il aura passé sous les yeux de l'Empereur. »

Ce sont les cinq articles tels que Bismarck les a publiés en 1870, moins quelques lignes explicatives qui furent supprimées ensuite à la demande de l'Empereur.

Ainsi tombe, devant un texte signé de lui-même, l'équivoque puérile de Benedetti[1] — quand éclata le douloureux scandale — que c'était le ministre prussien qui avait « formulé » le projet d'alliance, et que c'était lui, ambassadeur de l'Empereur des Français, qui avait « consenti », dans un de leurs entretiens, « à transcrire ces combinaisons en quelque sorte sous sa dictée ».

Dans une autre lettre[2], sur des objections faites par Rouher au sujet des compensations qui seraient offertes à la Hollande pour le Luxembourg, Benedetti écrit : « Je dois vous avouer que la rédaction (de l'article 2) est mon œuvre. »

« L'Empereur », répondit Rouher, « attendait avec une certaine impatience vos communications. Aussi, une heure après que j'en ai été en possession, j'ai communiqué à Sa Majesté le projet de traité que vous avez préparé et vos deux lettres[3]. La première impression a été très favorable et pleine de reconnais-

1. *Ma mission en Prusse*, p. 182 et suiv.

2. 30 août.

3. Benedetti, le 23 août, avait adressé deux lettres à Rouher : la première sur son entretien avec Bismarck, le projet de traité en annexe; la seconde pour confirmer son refus de la succession de Drouyn de Lhuys. (Les papiers de Cerçay ont été insérés dans le tome XII, sous presse, des *Origines diplomatiques de la guerre*.)

sance pour l'habile direction que vous avez su donner à cette
délicate affaire... Il est bien évident que l'extension de la supré-
matie de la Prusse au delà du Mein » — c'est l'addition de
Bismarck au projet de l'Empereur — « nous sera une occasion
toute naturelle, *presque obligatoire*, pour nous emparer de la
Belgique, mais d'autres occasions peuvent se présenter ; nous
devons en être les juges exclusifs » (23 août).

Le triomphe, qui devenait insolent, fut court.

Entre temps, Bismarck a informé le roi. Benedetti rap-
porte à Rouher ce que le ministre lui a dit de leur entretien
(29 août). Le roi ne s'est pas montré défavorable, préoccupé seulement — ce qui donne bien le caractère de la négociation —
« d'obtenir un gage de notre fidélité et de notre discrétion ».
« Ainsi, avec sa défiance instinctive, il est prêt à s'imaginer que
nous pourrions, si notre intérêt ou les circonstances avaient
à nous le conseiller, donner connaissance à l'Angleterre ou
à d'autres puissances de la clause relative à la Belgique. »
Exactement ce que fera Bismarck en 1870. « La garantie »,
aurait répondu le ministre, « est dans la compromission que la
France partage avec la Prusse en signant le traité. » Au surplus,
aurait encore dit Bismarck au roi, quelle alliance serait préfé-
rable à « celle de la France, qui n'aurait plus rien à convoiter
sur le Rhin après l'acquisition de la Belgique » ? Toutefois, pour
s'éclairer davantage « sur les véritables dispositions de l'Empereur », le roi a mandé Goltz à Berlin.

Les premiers doutes viennent alors à Benedetti : « Je ne suis
que le rapporteur de ce que M. de Bismarck a bien voulu m'ap-
prendre de ses conférences avec le roi. A-t-il été exact ? Je ne
puis le garantir ; il n'est pas moins prussien que son souverain
et vous remarquerez que le roi nous croirait aisément capables
de lui tendre un piège. Quel degré de confiance pouvons-nous,
de notre côté, accorder à des interlocuteurs accessibles à de
pareils calculs ? » Ainsi se méfiaient-ils les uns des autres.

Bismarck et Benedetti revirent, une dernière fois, la rédaction
du projet, « avec les observations dont elle avait été l'objet à
Paris ». La conversation, encore cordiale, porta sur des questions de détail. Mais le roi n'avait pas encore vu Goltz. Rien
n'était fait. D'autre part, une nouvelle idée était venue à l'Empereur : « Au lieu de livrer, pour entrée de jeu, Mayence à la
Prusse, ne vaudrait-il pas mieux que la Prusse s'annexât la

Saxe, pays protestant, et placer le roi de Saxe sur la rive
gauche du Rhin, pays catholique[1]? » C'était le vieux projet
d'Alexandre à Vienne que l'Angleterre et l'Autriche, avec Talleyrand, avaient repoussé. « Je tenterai, avec une extrême prudence », répondit Benedetti, « une suggestion au sujet de la
Saxe. On regrette ici, plus vivement que je ne pourrais le dire,
d'avoir renoncé à l'annexer[2]. » Il s'inquiétait aussi de la mission du général de Manteuffel eu Russie : « La Prusse a besoin
d'une grande alliance; si elle décline celle de la France, c'est
qu'elle s'est pourvue ailleurs. »

Il semble bien que Benedetti eut à ce moment le sentiment
que l'affaire était manquée et qu'il n'échangerait plus désormais
avec Bismarck que d'inutiles paroles. En effet, Bismarck avait,
depuis deux semaines, mis les fers au feu. Les chambres prussiennes avaient voté les projets d'annexion, les préliminaires
de Nikolsbourg étaient devenus le traité de Prague, les traités
de paix et les conventions militaires secrètes avaient été conclus
avec les États du Sud que Bismarck avait informés des projets
français. Ainsi était-il nanti et n'avait-il plus besoin de l'Empereur.

Il n'y a pas d'exemple d'une plus extraordinaire négociation
qui ait plus singulièrement fini. De fait, elle ne fut qu'interrom-
pue d'un commun accord, mais pour ne plus recommencer, bien
que, selon Bismarck, Benedetti soit revenu en 1867, après
l'échec de la tentative sur le Luxembourg, au projet « favori »
de l'Empereur[3], et qu'au dire du prince Napoléon[4], ce fût Bismarck qui, en 1869, se déclara de nouveau disposé à traiter de
la Belgique. Au mois de septembre 1866, Benedetti, après son
dernier entretien avec Bismarck, eut de Rouher l'autorisation
d'aller se soigner pendant quinze jours à Carlsbad, où il atten-
drait la dépêche le convoquant à Berlin pour l'entretien défi-
nitif. La dépêche ne vint pas. Bismarck, fatigué, malade, alla
de son côté prendre du repos pour ne rentrer de Varzin qu'en
décembre.

D'une part, le roi de Prusse, qui avait répugné à l'alliance
avec l'Empereur avant ses grandes victoires, la repoussait d'au-

1. Lettre du 26 août à Rouher.
2. 30 août.
3. *Reichsanzeiger* du 21 octobre 1867, *in fine.*
4. Voir plus loin, p. 45.

tant plus qu'il avait remporté de plus éclatants triomphes; la seule demande d'une compensation française sur le Rhin lui avait paru, « comme à toute l'Allemagne, une mortelle offense[1] »; et Bismarck, qui savait son Europe et jusqu'où il était possible de la défier, n'aurait consenti à aucun moment à faire signer par le roi le traité belge. Napoléon III, de son côté, pendant le temps qu'il avait demandé pour réfléchir au traité, en avait découvert l'odieux et la sottise. « Sa première impression avait été favorable[2] » et il avait fait féliciter Benedetti par Rouher; la seconde fut moins bonne. Si l'idée de mettre la main sur la Belgique lui avait été suggérée par Bismarck, l'initiative de la négociation venait de lui; dès lors, la responsabilité lui en incomberait le jour qu'il passerait des paroles aux actes, quand l'extension de la Prusse au delà du Mein, d'avance acceptée par lui, serait, comme avait écrit Rouher, l'occasion « naturelle et presque obligatoire » de l'entrée simultanée en Belgique de soldats français et d'Allemands.

On pourrait presque à coup sûr fixer la date où il vit la chose dans toute sa laideur et recula devant elle. Si discrète, en effet, que la négociation eût été tenue, ainsi que l'Empereur et Bismarck n'avaient pas cessé de l'exiger l'un de l'autre, le bruit en avait couru à Bruxelles et à Londres. Sur quoi l'Empereur, aussitôt informé, démentit aussitôt, imputant le projet à Bismarck tout comme Bismarck l'en devait accuser. De Londres, le 5 septembre, Bernstorff, qui n'est instruit de rien, écrit qu'il a été « vivement » interpellé par Clarendon sur la rumeur répandue que Bismarck aurait offert la Belgique à Napoléon III qui aurait refusé avec indignation; de Bruxelles, le 16, le ministre russe écrit à Gortschakoff : « La Belgique s'inquiète, l'empereur Napoléon III a donné les assurances les plus formelles, mais qui le croit encore[3] ? »

Ainsi s'évanouit le projet belge. Bismarck s'était servi de la Belgique avant Sadowa dans la seule pensée de gagner davantage l'Empereur à ses desseins sur l'Allemagne et, après, pour prendre le temps nécessaire à la conclusion des traités qui consacraient sa victoire. Mais cette savante perfidie avait été de luxe et il aurait pu s'en dispenser. L'apport de la Belgique ne

1. Lefèvre de Béhaigne à Drouyn de Lhuys, du 13 août 1866.
2. Voir plus haut, p. 26.
3. Sybel, *loc. cit.*, t. V, p. 311.

fut dans la politique personnelle de l'Empereur qu'une considé-
ration accessoire. Bismarck ne lui aurait point parlé de la Belgique à Biarritz qu'il ne l'en aurait pas moins appuyé contre
l'Autriche et dans l'intérêt de l'Italie, et Goltz ne lui en aurait
point parlé après Sadowa qu'il n'en aurait pas moins accueilli,
avec satisfaction, les annexions prussiennes. Dans ses combinaisons de métaphysique mondiale, cet homme, qui était bien
intentionné et chevaleresque, alternait entre la méconnaissance
de l'honneur français et celle de l'intérêt français.


## XI.


Si l'opinion ne s'était pas démontée au lendemain de Sadowa
et si le monde de l'Empire n'avait pas imposé la politique des
compensations, faut-il croire que Napoléon III se fût satisfait
d'avoir puissamment aidé à l'unité allemande comme à l'unité
italienne et de jouer pendant une heure le rôle de médiateur?
Après le refus de Bismarck sur Mayence et l'échec du projet belge,
l'acceptation du fait accompli, dans la circulaire du 16 septembre
signée du ministre intérimaire (La Valette), parut le plaidoyer
d'un vaincu qui ne veut pas l'avoir été et qui oppose bon visage
à mauvaise fortune. Affranchi de l'entourage et maître de l'opinion, Napoléon III l'aurait-il dictée deux mois plus tôt? On peut
le croire, si l'on rapproche de la circulaire du 16 septembre la
lettre que, dès le 12 août, Drouyn de Lhuys étant encore nomi-
nalement ministre des Affaires étrangères, il avait écrite au
ministre de l'Intérieur. L'Empereur rejetait sur Drouyn de Lhuys
la responsabilité de la demande sur Mayence : « Les journaux vont
jusqu'à dire que les provinces du Rhin nous ont été refusées. *Il
résulte de ma conversation avec Benedetti que nous aurions
toute l'Allemagne contre nous pour un très petit bénéfice*[1]!...
Faites contredire très énergiquement ces rumeurs dans les
journaux. » Ce fut désormais le mot d'ordre. « Le véritable
intérêt de la France n'est pas d'obtenir un agrandissement de
territoire indifférent, mais d'aider l'Allemagne à se constituer
de la manière la plus favorable à nos intérêts et à celui de
l'Europe. »
Quoi qu'il en soit, qu'il ait applaudi tout de suite, dans son for

1. Souligné dans le texte.

intérieur, à la victoire de la Prusse et à l'unité de l'Allemagne, ou que, repoussé avec perte, il se soit seulement incliné devant l'inévitable, la circulaire de septembre a bien été écrite de son style très personnel, dans une révolte de ses chimères contre la réalité.

Il y répondait à l'opinion « émue », il en convenait, des conséquences de Sadowa, « incertaine », disait-il, « entre la joie de voir les traités de 1815 détruits » — où cette joie s'était-elle manifestée? — « et la crainte que la Prusse ne prît des proportions excessives. » Or, il suffisait « pour dissiper les incertitudes » d' « envisager dans leur ensemble le passé tel qu'il était, l'avenir tel qu'il se présentait. » Le passé, c'était « la sécurité précaire » des traités de Vienne avec « l'Allemagne autrichienne, inexpugnable sur l'Adige », et « l'Allemagne prussienne dont l'avant-garde sur le Rhin était composée de ces États secondaires sans cesse agités par des désirs de transformation politique et disposés à considérer la France comme l'ennemie de leur existence et de leurs transformations ». Combien l'avenir s'annonçait meilleur! L'Empereur ne se félicitait pas seulement de l'unité, enfin réalisée, de l'Italie, « mise en possession de tous ses éléments de grandeur nationale », « rapprochée par ses idées, ses principes, ses mœurs, dé la nation qui avait versé son sang pour l'aider à conquérir son indépendance », il ne se réjouissait pas moins « des garanties que l'unité allemande allait présenter à la France et à la paix du monde ». « La Prusse agrandie, libre désormais de toute solidarité, assure l'indépendance en Allemagne. La France n'en doit prendre aucun ombrage. Le sentiment national de l'Allemagne satisfait, ses inquiétudes se dissipent, ses inimitiés s'éteignent. En imitant la France, elle fait un pas qui la rapproche et non qui l'éloigne de la France. » L'Empereur y insistait. Fallait-il « regretter qu'une puissance irrésistible poussât les peuples à se réunir en grandes agglomérations, en faisant disparaître les États secondaires »? Ce n'était pas le sentiment du neveu de Napoléon Ier, qui, lui-même, avait déposé « les germes des nationalités nouvelles » en Italie et en Allemagne; « la politique doit s'élever au-dessus des préjugés étroits et mesquins d'un autre âge », c'est-à-dire le système de l'équilibre, la tradition capétienne, l'un et l'autre recueillis par la Convention; « l'Empereur ne croit pas que la grandeur d'un pays dépende de l'affaiblissement des peuples qui l'entourent et il ne voit de véritable équilibre que dans les vœux satisfaits des nations de l'Europe. » Il n'a, lui, éprouvé aucun déboire. Ainsi, d'un aveu retentissant, Napoléon III avait bien eu le dessein de tout ce que Bismarck avait fait. Sa déclaration n'était pas seulement empreinte du désir de la paix ; on y eût cherché en vain une arrière-pensée de guerre ; toujours « il croyait ce qu'il disait ».

Nécessairement, la circulaire La Valette enchanta le roi de Prusse. « Il y retrouvait », fit-il dire par son ambassadeur[1], « cette sagesse et ces sentiments bienveillants pour la Prusse qu'il avait appris de longue date à apprécier chez l'Empereur. » L'officieuse *Gazette de Voss* écrivit après avoir marqué l'isolement de la France : « Les idées personnelles de l'Empereur sont plus saines que celles de l'orléanisme, auxquelles Drouyn de Lhuys avait fini par se convertir. La nation française nous est hostile et nous devons constamment nous tenir sur nos gardes. L'Empereur est peut-être le seul Français qui apprécie à leur juste valeur les avantages d'une entente avec la Prusse. Qu'adviendra-t-il quand il quittera la scène? » Benedetti, sachant qu'il faisait sa cour, transmit aussitôt l'article[2].


## XI.


Si prodigieuse d'imprévoyance que paraisse aujourd'hui la circulaire du 16 septembre, où il n'était question qu'incidemment de « la nécessité, *pour la défense de notre territoirre*, de perfectionner sans délai notre organisation militaire », et si étonnante la théorie, que le vice-empereur Rouher porta ensuite devant le Corps législatif, de l'Allemagne désormais divisée en trois tronçons (Confédération du Nord, Etat du Sud, Autriche), cette satisfaction du gouvernement, réelle ou feinte, correspondit bientôt à une résignation à peu près générale de l'opinion. « La France avait fait l'unité de l'Italie, la Prusse faisait celle de l'Allemagne. Nous avions fait école. Qu'avions-nous à dire[3]? »

L'horizon de la France de 1866 était assez borné. Laborieuse

1. Dépêche à Goltz, 28 septembre 1866.
2. Dépêche du 29 septembre 1866.
3. Haussonville, *loc. cit.*, p. 50.

et économe, elle n'avait pas encore joui d'une prospérité aussi étendue. Le paysan, qui vendait bien son blé et qui aimait Napoléon III, l'*Empereur rural*, et l'ouvrier, dont les salaires n'avaient pas encore été aussi élevés et qui tenait de l'Empereur le droit de grève, étaient parfaitement étrangers à ce souci des questions de prestige qui est le propre des oligarchies et des aristocraties. La bourgeoisie, avec un peu plus de liberté, dont le besoin lui était revenu, se fût déclarée satisfaite. « La France ne voulait plus de conquêtes[1]. »

Dans ces conditions, l'irritation du lendemain de Sadowa passa vite. Après tout, il était juste que Venise redevînt italienne ; hors le parti catholique, on n'aurait trouvé aucun scandale au mot de Victor-Emmanuel s'il avait été connu : « Maintenant que nous avons Venise, Rome est l'affaire d'un coup de pied[2]. » On ne s'apitoya pas longtemps sur le vieux roi aveugle du Hanovre, chassé de son royaume par les Prussiens, ni sur le bourgmestre de Francfort qui s'était suicidé plutôt que de survivre aux libertés de la vieille cité des diètes, faiseuse d'empereurs. Il parut assez indifférent que les Hessois et les Hanovriens fussent gouvernés par des dynasties locales ou par la famille de Hohenzollern. Pour toutes sortes d'absurdes raisons, la Prusse continuait à avoir la réputation d'un Etat démocratique.

A la réflexion, on accepta donc, sans trop de peine, l'avènement d'une Prusse agrandie, devenue d'un seul tenant et présidant à une confédération des États du Nord. Le matérialisme politique était, par ses qualités, comme par ses défauts, délibérément hostile à toute idée de guerre contre l'Allemagne.

Dans le calcul des responsabilités que nous cherchons à établir, cette persistance des dispositions pacifiques, c'est le fait qui, du côté français, domine tous les autres. Le public avait à peu près ignoré l'affaire des demandes de compensation, d'ailleurs fort impudemment démenties. L'affaire du Luxembourg, l'année d'après, passionna très peu. La vieille forteresse de Vauban fût redevenue française, à la suite du marché passé avec le roi de Hollande, que l'Empereur n'en aurait point tiré grand profit dans l'opinion. L'opposition de Bismarck irrita surtout pour la possibilité d'une guerre dans l'année de la grande foire de l'Exposition.

1. Fustel de Coulanges, *Questions contemporaines*, p. 56.
2. Sartiges à Drouyn de Lhuys, de Rome, 7 août 1866.

La France ne devait pas tarder à subir les dures conséquences de sa confiance dans la paix entre 1866 et 1870. Alors que Bismarck était déjà résolu à une troisième guerre pour assurer et, au besoin, étendre les résultats des deux premières, il eût mieux valu que la France fût moins dominée par la vue superficielle des intérêts immédiats et qu'elle se fût habituée à la pensée de la bataille prochaine. L'événement ne l'aurait pas surprise et, on peut le croire, n'aurait pas tourné à la catastrophe. La preuve de ses intentions pacifiques, qui dispenserait de toutes les autres, ce fut son étonnement en juillet 1870 devant le guet-apens et son impréparation à la guerre.

Dans les quatre dernières années de l'Empire, il se trouva assurément des hommes, en assez grand nombre, qui tenaient la guerre avec la Prusse, non pas seulement pour inévitable, mais pour nécessaire. C'étaient des officiers à qui pesait la paix aux lents avancements; fiers d'avoir triomphé des Russes et des Autrichiens, ils brûlaient d'en découdre avec les Prussiens; ils s'agaçaient de Sadowa; leurs victoires de Lombardie, qui auraient tourné aisément à la défaite, leur faisaient illusion sur un instrument militaire, à beaucoup d'égards archaïque. — C'était, autour de l'Impératrice, presque tout le monde de la cour, et au dehors, surtout dans la presse, les « purs » bonapartistes, hier encore « ambassadeurs des nationalités auprès de l'Empereur[1] », non moins favorables à l'agrandissement territorial de la France qu'à celui de l'Italie, mais à qui n'échappait point maintenant que le régime était sur son déclin, et qui eussent voulu le fortifier par une guerre victorieuse. — C'étaient aussi des patriotes, bien instruits des choses du dehors, qui connaissaient la Prusse et l'Allemagne. Ils avaient en vain annoncé que l'unité germanique était en formation depuis trente-cinq ans; ils annonçaient maintenant que l'Allemagne, « une fois déchaînée, ne s'arrêterait pas », « qu'elle aspirerait à remplacer la France au premier rang des nations[2] », et ils se refusaient à accepter que « la France permît cela[3] »; mais il ne fallait entrer qu'après une sérieuse préparation militaire et diplomatique, avec une armée au moins égale en nombre à l'armée ennemie et avec des alliances, dans

---

1. Marc Dufraisse, *loc. cit.*, p. 396.
2. Quinet, lettre du 21 juillet 1866.
3. Lamartine (voir Ollivier, t. VIII, p. 522).

cette lutte qui déciderait pour un siècle de la prépondérance entre l'Allemagne et la France[1].

Il n'est pas vrai de dire qu'il y eut désormais en France « un parti de la guerre »; il ne serait pas moins contraire à la vérité de dire qu'on ne parlait pas beaucoup trop de la guerre à la cour, dans les *mess* d'officiers et dans les bureaux des journaux. Un éloquent royaliste a écrit durement : « Le régime avait contribué à développer chez certaines classes de la société les côtés tapageurs et vaniteux du vieux caractère gaulois. La parole était aux bateleurs; ils étaient les favoris du règne[2]. » L'opinion se répandit au dehors que « la France guettait une revanche de Sadowa ». De fait, en dehors de ces minorités, les inquiétudes qu'on avait eues en 1866 et qui, l'année d'après, se renouvelèrent, affermirent, loin d'ébranler, la volonté générale pour la paix. Malgré les abus de la candidature officielle, le Corps législatif, élu en 1863, représentait assez exactement le pays. S'il écoutait sans déplaisir les critiques de l'opposition contre la politique impériale dans les affaires allemandes, il était, à l'exception « des effrontés[3] » de l'extrême droite, résolument hostile à toute tentative de réparer les fautes commises. L'Empereur, au contraire de la cour et des bonapartistes professionnels, ne l'était pas moins et le prouva par ses actes.

S'il avait cherché la guerre, l'affaire du Luxembourg lui en aurait fourni l'occasion. Ni l'Angleterre ni l'Autriche n'eussent vu d'inconvénient à la cession du Luxembourg et, bien plus, avaient offert leur concours diplomatique[4]; le duché n'était point « un territoire allemand », bien que Bismarck, dès juillet 1866, en eût réclamé l'entrée dans la nouvelle Confédération du Nord; ce dédommagement était bien dû à la France pour tout le concours que Napoléon III, depuis tant d'années, avait prêté à la Prusse. Bismarck, d'un ferme propos, poursuivit l'échec de la tractation entre Paris et La Haye, l'humiliation de l'Empereur. Bien Allemand pour ces longues rancunes, il ne pardonnait pas « la pacification entreprise par Napoléon III aussitôt la bataille de Sadowa ». Ce sont ses expressions textuelles. « Il est pos-

---

1. Gambetta, discours du 15 juillet 1870.
2. Haussonville, *loc. cit.*, p. 56.
3. *Ibid.*
4. Dépêche du marquis de Moustier, du 28 mars 1867, à Benedetti sur les démarches et communications de Lord Cowley et de Beust.

sible, » avait-il dit encore, « que le bâton fasse son effet pour l'instant ; mais le cocher de la voiture se souvient ensuite de celui qui a mis le bâton en travers »[1].

Non seulement l'Empereur se résigna une fois de plus, renonça au pourboire du Luxembourg devant l'insolente menace allemande, feignit d'accepter « chaleureusement » la neutralité du duché, mais encore, tant il était exempt de haine et de ressentiment, il ne fut pas plus tôt sorti de l'incident qu'il poursuivit à nouveau l'idée de renouer avec la Prusse et de reprendre d'anciennes combinaisons avec les vainqueurs de Sadowa[2].

Sa santé, depuis longtemps perdue, et « sa vitalité chancelante » ne suffisent pas à expliquer une pareille défaillance. C'était « la politique des nationalités » qui le reprenait. Comme le prince Napoléon, comme Émile Ollivier et bien d'autres, comme Michelet lui-même, il gardait ses sympathies pour l'Allemagne, « cette grande sœur de la France »[3]. Vraiment, il eut toujours, dans un coin de son cœur, des *Vergiss mein nicht* d'Arenenberg.

## XII.

Bien qu'il eût aimé « ignorer les choses graves », que lui mandaient alors ses agents en Allemagne[4], et qu'il appartînt à cette sorte de rêveurs et de théoriciens qui, démentis par la réalité, disent tranquillement : « Tant pis pour la réalité », tout de même il avait senti le froid du glaive. Il aurait beau vouloir garder la paix avec l'Allemagne, la guerre pourrait venir le chercher. Il convenait quelquefois que « des points noirs étaient venus assombrir son horizon »[5]. Il était, par conséquent, indispensable de remettre un peu d'ordre dans les institutions militaires et de renforcer l'armée. Alors que l'armée prussienne était plus que jamais demeurée fidèle au grand précepte de Frédéric

1. Discours du 5 décembre 1877 et du 19 février 1878.
2. Rothan, *Affaire du Luxembourg*, p. 416.
3. *La France devant l'Europe*, p. 14 : « Pour nous autres Parisiens, nous n'en gardâmes pas moins nos sympathies pour l'Allemagne. Les miennes n'ont jamais varié. Cette année même, en 1866, en terminant ma grande *Histoire de France*, j'énumérai avec plaisir les influences diverses que l'Allemagne eut sur moi à mes différents âges, les passions littéraires, vraiment fortes, que m'inspira cette grande sœur de la France... », etc.
4. Rothan, *loc. cit.*, p. 417.
5. Discours de Napoléon III à Lille, 27 août 1867.

d' « être toujours prête », la France était, exactement, ouverte. Ducrot, en avril 1867, a dit à un diplomate : « J'en suis réduit à fermer les portes de la citadelle de Strasbourg, sous prétexte de réparations aux ponts-levis ; mais, en réalité, pour me mettre à l'abri d'un coup de main[1] ? »

Ici encore, l'illusion pacifique empêcha l'effort nécessaire. Quand le roi de Prusse et Bismarck voulurent avoir l'armée de leur politique, ils n'étaient pas entrés dans la lutte « avec leur âme molle et des paroles mortes[2] », mais ils avaient passé outre aux résistances des députés prussiens et, malgré eux, forgé l'instrument. Au contraire, Napoléon III et le maréchal Niel s'arrêtèrent devant les premiers obstacles. Leur projet, qui était excellent, échoua devant la Commission, « composée en majorité de candidats officiels »[3]. L'Empereur pensa d'abord à relever le défi comme avait fait le roi Guillaume ; Rouher s'y opposa, Niel fléchit et Napoléon céda, commençant la défaite[4] (juin 1867). Niel ne risqua même pas d'affronter le Corps législatif ; il transigea devant la Commission, qui ne comprenait pas un seul membre de gauche, et dénatura, déforma complètement le projet.

La volonté, l'illusion pacifique de la France d'alors apparaissent ici tout entières. La funeste propagande contre la loi a été engagée par des royalistes, militaires et civils, et par un prince du sang. « Malheur à la France », s'écrie Changarnier, « si, brisant la chaîne de ses glorieuses traditions, elle se lasse d'avoir une armée plus puissante par l'organisation que par le nombre ! N'essayons pas d'égaler le chiffre de nos soldats à celui de nos adversaires possibles. Même en nous épuisant, nous ne serions pas sûrs d'y parvenir. Mais ne nous inquiétons pas. S'il est très difficile à 3,000 hommes d'en combattre avec succès 5,000, il l'est infiniment moins à 60,000 hommes d'en défaire 100,000. Plus les proportions s'élèvent, moins l'infériorité est fâcheuse. » De même Trochu : « On commettrait une faute en exagérant les effectifs, en se laissant trop dominer par les préoccupations de quantités. » Le prince de Joinville insiste : « Exiger davantage

1. Rothan, p. 276.
2. Lamy, *Études sur le second Empire*, p. 168.
3. Ollivier, t. X, p. 346.
4. « C'est avec des ressources tout à fait insuffisantes que l'Empire engagea la lutte » (Bernhardi, *Notre avenir*, p. 118).

(que la loi de 1832), écraser outre mesure notre race, qui donne déjà, hélas! quelques symptômes d'épuisement, c'est donner raison à la triste théorie qui veut que les peuples, au lieu de tirer de leur sein des armées pour leur défense, ne sont que des machines destinées à fabriquer des milliers de soldats avec lesquels on joue comme avec des pions sur le vaste échiquier de la folie humaine. » Et Falloux : « Je suis l'adversaire de la nouvelle loi militaire dont l'application prolongée, désolant nos familles, dépeuplerait nos campagnes. » Les républicains se divisèrent : dans la presse, Nefftzer, Havin se prononcèrent pour la loi militaire; au Corps législatif, les députés divaguèrent : « Si vous voulez que l'Europe soit apaisée, repoussez le projet de loi. L'idée d'une armée nombreuse pendant la paix nous répugne. » (Favre). « Je ne vois pas que la Prusse ait intérêt à faire la guerre à la France. Inutile pour la justice, le soldat n'est même pas nécessaire à la frontière. Un pays qui a des citoyens est invincible » (Jules Simon). « Pas d'armée prétorienne! » (Pelletan). « Le militarisme est la plaie de l'époque » (Garnier Pagès). — Encore ces sottises ont-elles une apparence vaguement humanitaire. Les députés officiels se sont décidés, surtout, pour de basses raisons électorales. Le thème en a été fourni par les familiers du prince Napoléon : Émile de Girardin, Émille Ollivier, Maurice Richard. « Il ne se trouvera pas de majorité législative qui immole à un péril imaginaire la liberté de six millions de Français de vingt à trente-neuf ans. Toucher à la loi française pour la prussifier, ce serait ameuter contre la loi nouvelle 600,000 familles, 4,200,000 personnes. La France n'a qu'un seul parti à prendre : c'est de renoncer systématiquement à la guerre et de devenir exclusivement la grande nation de la paix » (Girardin). « Le principe de la loi est celui-ci : les armées de France, que j'ai toujours, pour mon compte, trouvées trop nombreuses, sont insuffisantes. Mais pourquoi donc? Qui nous inquiète? Personne. C'est en armant, c'est en nous montrant par là belliqueux, que nous marchons infailliblement vers la guerre » (Ollivier). « On vient proposer d'augmenter les charges militaires et d'enlever encore des bras à l'agriculture. Non, il n'est pas possible d'accepter » (Maurice Richard[1]). La loi, si énervée qu'elle eût été

---

1. *Un mot sur le projet d'organisation militaire*, par le général Changarnier; *l'Armée française de 1867*, par le général Trochu; *Étude sur Sadowa*, par le prince de Joinville; article d'Émile de Girardin dans la *Liberté*, en

par la Commission, fut péniblement votée. C'est du texte de la
Commission que Jules Favre dit qu'il allait faire de la France,
au lieu d'un atelier « une caserne ». On inventa beaucoup
plus tard la réplique prophétique de Niel : « Prenez garde
d'en faire un cimetière[1] ! »

De Zurich, bon poste d'observation sur l'Allemagne, un pros-
crit de décembre s'indigna : « Quoi ! la France étale aux yeux
des étrangers, qui nous observent, sa répugnance pour la
guerre, son amour de la paix, l'envie grande de refuser au gouvernement de l'Empereur l'argent et le sang nécessaires... On
marchande les moyens d'assurer la paix en préparant la guerre...
J'ai le cruel pressentiment que ce pays, s'il s'endort dans
l'ignorance de ces dangers, se trouvera un jour, *avant de
l'avoir même soupçonné*, dans la situation où le premier Empire
fut impuissant à défendre la France qu'il avait faite si grande,
si forte, si une de l'Océan à la Méditerranée, des Alpes au Rhin,
du Rhin aux Pyrénées, et qu'il allait laisser vaincue, envahie,
humiliée et amoindrie[2]. »

La vérité, c'est qu'il n'y a peut-être pas une autre époque où
l'esprit militaire de la nation ait été aussi affaibli qu'au lendemain de Sadowa. Dans beaucoup de campagnes, le souci légitime de garder la paix avait maintenant tourné au pacifisme[3].
Depuis la guerre de Crimée, « les députés, à chaque renouvelle-
ment de la Chambre, ne se faisaient élire qu'en promettant le
maintien de la paix et la réduction de l'armée »[4]. Le rapporteur de la nouvelle loi (Gressier), bien qu'il eût été de ceux qui
avaient contribué le plus à l'édulcorer, ne fut pas réélu au conseil général : « Vous avez fait mon fils soldat », lui dit un de
ses vieux fermiers[5]. « Dans l'énorme enchérissement de la

réponse au *Siècle*. Corps législatif, séances des 19 mars, 21 juin, 16 décembre 1867, etc... Voir capitaine de Tarlé, *Journal des sciences militaires*,
avril 1913.

1. La réplique ne figure pas au *Moniteur officiel;* Ollivier, présent à la
séance, écrit qu'il n'a pas entendu le propos et qu'aucun de ceux qui l'ont
cité n'a pu indiquer où il l'avait pris (t. X, p. 381).

2. Marc Dufraise, *loc. cit.*, p. 472.

3. « Je fis la campagne électorale de mai 1869 dans une circonscription
toute rurale de Seine-et-Marne ; je puis assurer que je ne trouvai pas sur mon
chemin un seul élément de l'ancienne vie militaire du pays » (Renan, *loc. cit.*,
p. 23).

4. Fustel de Coulanges, p. 56.

5. Ollivier, t. X, p. 381.

main-d'œuvre, le paysan ne pouvait se passer de son aide naturel pour louer un ouvrier; il voulait garder son fils. Le gouvernement, ayant décrété la garde mobile, n'osa l'effectuer[1]. »
Les doctrines de l'Internationale pénétraient de toutes parts le monde ouvrier. Aux élections de 1869, sur 960 candidats 938 réclamèrent la diminution des contingents. Le roman populaire, national, dans le plein sens étymologique du mot, c'est celui qu'écrivent deux Alsaciens, Erckmann et Chatrian, qui ont entrepris de faire détester la guerre du premier Empire et toutes les guerres.

Si Napoléon III n'avait pas le sens de l'histoire de France, il connaissait bien le pays. Dans cette année même 1867, il reconnut très exactement que la France ne voulait pas la guerre contre l'Allemagne. Cela le fortifia dans ses dispositions personnelles. Il laissa aller les choses. On a mené grand bruit au sujet des conversations qu'il engagea un peu plus tard avec l'Autriche et avec l'Italie en vue d'une alliance, d'ailleurs en dehors de ses ministres et de ses ambassadeurs; elles ne furent, suivant le mot de l'archiduc Albert, que des « débats académiques »[2]. Pareillement d'autres entretiens, non moins secrets, avec des ministres des États du Sud, qui s'accommodaient mal de l'hégémonie prussienne. En effet, de temps à autre, il s'alarmait sur des avis plus pressants de Benedetti, ou de l'attaché militaire Stoffel, ou de Ducrot, ou sur quelque nouveau progrès de la Prusse vers l'unité allemande. Puis la fatigue physique l'emportait sur les clairvoyances intermittentes d'un cerveau usé, il revenait à la politique de l'effacement satisfait[3], celle de la circulaire La Valette, *sa* circulaire, et, de nouveau, il savait gré à ceux de ses familiers qui arrêtaient les informations inquiétantes[4]. Comme pendant ses éternelles « patiences » aux longues soirées des Tuileries ou de Saint-Cloud, il se trichait lui-même[5]. « Je n'ai pas osé montrer votre lettre à l'Empereur de peur de l'affliger », écrivit un jour le général Fleury au général Ducrot. Le soir de Sedan, Napoléon III dira à Ducrot : « Vos pressentiments sur les intentions de la Prusse, ce que vous

1. Michelet, *loc. cit.*, p. 23.
2. Rapport du général Lebrun, 30 mai 1870.
3. P. de La Gorce, *Histoire du second Empire*, t. VI, p. 125.
4. Correspondance du général Ducrot, t. II, p. 122.
5. « En faisant et en défaisant » ses patiences, « il se trichait lui-même » (A. Filon, *l'Impératrice Eugénie*, p. 77).

m'aviez dit de ses forces militaires et du peu de moyens que nous aurions à leur opposer, tout cela n'était que trop vrai; j'aurais dû tenir plus de compte de vos avertissements et de vos conseils[1]. »

## XIII.

La guerre entre la France et l'Allemagne était-elle inévitable?

Parce que la guerre a eu lieu, la fameuse métaphore « des deux convois de chemin de fer qui, partant de points opposés et éloignés, seraient placés sur la même voie par une erreur funeste[2] », a été célébrée comme une vision d'une lucidité prodigieuse. Qu'on régarde aux faits et il apparaît que la guerre aurait pu et dû être évitée en 1870. Gœthe a dit que « tout ce qui arrive arrive nécessairement »; si on interprète ce mot dans l'esprit du fatalisme oriental, il n'y a plus de science politique; la vertu du droit s'effondre, il n'y a plus de « bien » ni de « mal ».

Du côté allemand, la préméditation est hors de doute, avouée par Bismarck, glorifiée par ses historiens. Après Sadowa, Bismarck a dû s'arrêter devant la ligne du Mein; il n'a réuni à la Prusse que les États de l'Allemagne du Nord, les uns qu'il a simplement annexés, les autres qu'il a fait entrer de gré ou de force dans la vassalité. Mais pas un instant il n'a considéré la ligne du Mein comme une frontière; pour tous les patriotes, « elle ne doit être rien d'autre qu'une station où charger de l'eau et du charbon, prendre souffle et continuer[3] »; les traités de paix qu'il a accordés, en 1866, aux États du Sud ont été tous pourvus de clauses secrètes qui obligent les princes vaincus à une alliance défensive et offensive avec le vainqueur et mettent leurs troupes, en cas de guerre, sous le commandement du roi de Prusse; dès le 12 août 1866, un diplomate (La Rochefoucauld) a écrit : « Les petits États ont le sentiment que leur existence politique a cessé de fait. » Bismarck a publié les conventions militaires, comme il s'en était réservé le droit, à son heure, en réponse au discours de Rouher sur les trois tronçons de l'Allemagne. Nul avertissement plus clair.

1. *Journée de Sedan*, par Ducrot, p. 43.
2. Prévost-Paradol, *la France nouvelle*, p. 388.
3. Discours de Miquel au Reichstag, mars 1867.

La Prusse, en 1866, avait passé de dix-neuf à trente et un millions d'habitants ; les dix millions d'Allemands du Sud, aux termes de la paix de Prague, devaient constituer une confédération indépendante ; cette confédération n'aura vécu que sur le papier : voici, tout de suite, les uns à titre de sujets, les autres à titre d'auxiliaires, quarante millions d'Allemands à la disposition de la Prusse. La France a laissé faire ; souffrira-t-elle que la Prusse aille plus loin, qu'elle franchisse le Mein ?

Rouher, comme Thiers, dans les grands débats de mars 1867 au Corps législatif, avait paraphrasé le roi Canut. Le tzar lui-même, tout Allemand de cœur qu'il était, s'inquiétait des « appétits » du roi de Prusse et de Bismarck : « Mon oncle ferait bien de digérer ce qu'il a absorbé avant de se faire de nouveau conquérant sur terre et sur mer[1]. » Toutefois, Bismarck lui promettait déjà l'abrogation des dispositions du traité de Paris sur la mer Noire ; dès août 1866, Manteuffel était allé en donner l'assurance à Pétersbourg, où il fut l'hôte du tzar[2].

Comme, d'une part, l'esprit particulariste, bien que fort atténué, survivait dans les États du Sud, et que, d'autre part, les socialistes allemands protestaient contre les auteurs de la Confédération du Nord qui n'avaient « travaillé qu'à satisfaire l'ambition de la maison de Hohenzollern », et « à créer une grande Prusse servie par des princes vassaux, réduits au rôle de préfets »[3], Bismarck ne se cacha plus de son dessein, celui qu'il avait annoncé à Disraëli : « J'ai toujours considéré », a-t-il écrit dans ses *Mémoires*, « que l'abîme creusé au cours de l'histoire entre le sud et le nord de la patrie ne pouvait pas être plus *heureusement* comblé que par une guerre nationale contre le peuple voisin, notre agresseur séculaire. » Car n'était-ce pas la guerre de l'indépendance, de 1813 à 1815, qui, une première fois, « par la lutte livrée en commun et avec succès contre la France, avait fait disparaître l'antithèse et pétri une première conscience nationale »[4]? Tout de suite, ses intimes, Schleinitz, Bernhardi, Blumenthal, Moltke, annoncèrent la guerre prochaine[5]. Ostensiblement, la Prusse la prépara[6].

1. Dépêche de Fleury au prince de La Tour d'Auvergne, ministre des Affaires étrangères, du 13 novembre 1869.
2. Talleyrand à Drouyn de Lhuys, 14 août 1866.
3. Discours de Bebel (mars 1867).
4. *Pensées et souvenirs*, t. II, p. 106.
5. Bernhardi, *Aus meinem Leben*, t. VIII, p. 419, 427, etc...
6. Stoffel, *Rapports militaires*, p. 289 et suiv.

Cependant, Bismarck lui-même ne pouvait pas faire la guerre pour son véritable motif, si fort qu'il fût; il lui faudra un prétexte, sinon honorable et honnête, du moins plausible, et, de préférence, un incident où les torts seraient, du moins en apparence, à l'Empire. Il n'y avait donc pour l'Empire qu'une seule politique à suivre exactement, puisqu'il voulait la paix, après qu'il eut fait lui-même la grandeur de la Prusse et lui avait livré l'Allemagne, c'était de ne pas lui fournir le prétexte attendu, de déjouer son jeu, tout en se tenant prêt aux pires surprises. L'impardonnable faute du second Empire, ce fut de continuer à négliger les préparations nécessaires, du moins à ne point les pousser comme il eût fallu; il s'est efforcé, par contre, jusqu'à la dernière heure, où il tomba au panneau le plus grossier, à garder jalousement la paix.

Cette politique des dernières années de Napoléon III est mêlée d'éléments troubles : beaucoup de lassitude des choses du dehors, une indulgence persistante pour cette entreprise de l'unité allemande, qui se couvrait toujours à ses yeux de sa propre théorie des nationalités et des agglomérations. Il n'en reste pas moins que, pendant un peu plus de trois années, il repoussa pour lui la responsabilité que Bismarck, de l'autre côté du Rhin, avait prise d'avance. Il avait vu les épouvantes des champs de bataille et il souhaitait de ne pas les revoir. Il se heurta à d'autant plus de difficultés que, descendu par sa propre faute du prestige où il était parvenu, son entourage le tentait d'un appât d'une victoire qui l'y ferait remonter; la coterie de la guerre, recrutée surtout parmi ses amis les plus bruyants, sinon les meilleurs, et s'appuyant de l'Impératrice, faisait irruption à tout moment dans son cabinet. Il dut subir aussi l'assaut de ceux des partisans du régime qui ne contestaient pas à l'Allemagne du Nord le droit de s'étendre sur celle du Sud, mais qui ne renonçaient pas à se faire payer d'un pourboire leur consentement à l'œuvre de Bismarck.

L'expérience de 1866 et celle de 1867 n'avaient servi de rien à cette fraction de la démocratie bonapartiste qui continuait à s'attarder, comme avait fait la jeune noblesse sous Louis XV, dans la haine de l'Autriche et qui n'admirait pas moins Bismarck que Belle-Isle et ses amis n'avaient célébré Frédéric. Bismarck, qui ne joua jamais sur un seul tableau, montrait toujours du doigt la Belgique dans l'espoir de pousser l'Angleterre contre la

France. Il reprit (14 mars 1869) la scène de Méphistophélès, mais, cette fois, avec un docteur Faust plus averti : « Qu'est-ce que l'Angleterre? » dit-il au prince Napoléon, venu en touriste à Berlin. « Si j'étais la Turquie ou l'Egypte, ou quelque rajah des Indes, je m'en préoccuperais. » Il offrit de se rendre à Biarritz pour chercher avec l'Empereur le prétexte d'une intervention française, appuyée par la Prusse, en Belgique[1].

Mais l'Empereur, aussi dégoûté des vains marchandages que répugnant à la bataille, ne voulut rien entendre. Entre les deux grandes voies qui s'ouvraient devant lui, la guerre et la liberté, il choisit la liberté, qui impliquait la paix, et recommença à sa manière l'*acte additionnel*. Habitué qu'il était aux marches obliques, s'il n'alla pas droit à Émile Ollivier, il se rapprochait de lui, et d'autant plus volontiers que le séduisant orateur avait opposé à la fois aux bonapartistes d'extrême droite, qui parlaient du Rhin, et à Thiers, qui prétendait arrêter Bismarck devant le Mein, la politique des *idées napoléoniennes*. Cette même politique, qui avait naguère conduit à la guerre, ramenait à présent à la paix par de singuliers détours. Ollivier se l'appropria, non point par courtisanerie, mais parce qu'il était resté, tout grand lecteur de Machiavel qu'il fût, un romantique. Ainsi, il avait tour à tour dénié toute valeur à la politique de l'équilibre, applaudi à la destruction des traités de 1815, répudié « la revendication de prétendues frontières naturelles », annoncé que l'Allemagne du Nord et l'Allemagne du Sud, qui se cherchaient encore, ne tarderaient pas à se trouver, et conclu que « la seule conduite sage, habile, digne, c'était d'accepter sans pusillanimité et sans inquiétude une œuvre (l'unité allemande) qui n'était pas dirigée contre la France », et qu'il valait mieux aider, afin d'avoir « le bénéfice de l'assistance », que simplement « laisser faire[2] ». Ce discours retentissant d'Ollivier lui avait valu les railleries de Thiers, les invectives de Cassagnac et les félicitations du prince Napoléon, alors d'accord avec son cousin sur toutes les choses du dehors, sauf sur la question romaine. Si Napoléon avait eu des inquiétudes, peut-être des remords sur sa politique de 1866, la parole d'Ollivier les dissipait. Appeler au gouvernement l'auteur de ce discours, au mois de janvier 1870, c'était exactement déclarer la paix à l'Allemagne.

1. Récit du prince Napoléon (Ollivier, t. X, p. 448).
2. Discours du 15 mars 1867.

## XIV.

Le premier ministre resta fidèle aux idées de l'orateur. Ses adversaires, les vieux bonapartistes, eurent beau jeu de dire qu'il bêlait à la paix. Bismarck, au traité de Prague[1], s'était engagé à consulter les habitants du Slesvig septentrional, incontestablement danois; les gouvernements précédents avaient insisté pour l'application de l'article; le ministère du 2 janvier décide de « rester en dehors de cette question »[2]. La nomination du général Fleury comme ambassadeur en Russie avait éveillé les soupçons de Bismarck; Fleury reçoit l'ordre de déclarer au chancelier russe que le gouvernement de l'Empereur ne demande que « le *statu quo* et le respect des traités »; « il accepte l'état de l'Europe tel qu'il est »[3]. Sur quoi Gortschakoff, non sans ironie, fait savoir « qu'il admire beaucoup la grandeur d'âme en même temps que la haute perspicacité de l'Empereur, qui a su se mettre à la tête d'une révolution pacifique dont le premier résultat sera un gage pour le maintien de la paix en même temps qu'une assurance pour l'avenir de la dynastie ». La Prusse s'arrêtera-t-elle au Mein? La France l'y arrêtera-t-elle? Daru (ministre des Affaires étrangères) ayant simplement écrit à Benedetti que « son ambition se réduisait à ne pas laisser modifier au détriment de l'Empereur et de la France la situation générale qu'il trouvait établie en Allemagne »[4], Ollivier jugea que c'était aller trop loin et que « Napoléon Ier n'eût point parlé autrement »[5]. En conséquence, selon son propre récit, il fit venir un journaliste prussien et lui dicta une conversation où il affirmait « ses sympathies pour l'Allemagne » et se déclarait prêt à trouver bon que les États du Sud accédassent à la Confédération, si telle était la volonté des populations[6]. Enfin, la grande pensée du ministère, approuvée par l'Empereur,

1. Article 5.
2. Dépêche de Daru, du 31 janvier 1870; dépêche du 6 janvier au général Fleury, qui avait demandé l'appui de la Russie, aussitôt accordé : « Ne pas insister davantage sur la question du Slesvig. » La femme du tzarévitch, le futur Alexandre III, était une princesse danoise.
3. Dépêches des 6 et 12 janvier.
4. Lettre confidentielle du 17 janvier.
5. Ollivier, t. XIII, p. 64.
6. *Ibid.*, p. 80 et suiv.

ce fut de faire conseiller par l'Angleterre au roi de Prusse « l'initiative d'un désarmement général »[1].

L'Empire libéral, à la suite du plébiscite qui approuvait la nouvelle constitution, se crut à ce point fortifié, assuré de longs lendemains pacifiques, qu'il diminua les crédits militaires, déjà trop maigres. Aussi bien n'avait-il obtenu le vote qu'en jurant que le plébiscite devait assurer la paix. Le projet de loi réduisant le contingent de 100 à 90,000 hommes fut déposé à la veille du plébiscite (21 mars 1870). On répandit par millions « des gravures où l'on voyait, sur deux colonnes, le *Non*, et, dessous, les pillages des rouges du *parti de la guerre*, qui brûle chaumières et moissons; sous le *Oui*, l'aimable image de la Paix que l'Empereur promettait, moissons, vendanges, les greniers pleins, les caves pleines »[2].

La réduction du contingent fut votée le 1er juin; le 30, Ollivier dit au Corps législatif : « A aucune époque le maintien de la paix en Europe n'a paru assuré. » Il le croyait comme il le disait.

Dans l'autre plateau de la balance, que pèsent les déclamations belliqueuses de quelques milliers d'officiers et d'écrivains? Que pèse même le propos de l'Impératrice à Prévost-Paradol[3], la veille de son départ pour sa légation de Washington, sur la guerre nécessaire à la consolidation de l'Empire?

## XV.

Tout à coup éclate la candidature du prince Léopold de Hohenzollern au trône d'Espagne.

L'intrigue a été préparée de longue date par Bismarck. Au premier bruit qui en a couru, en 1869, le gouvernement de l'Empereur a fait savoir à Berlin que « le pays ne supporterait pas l'avènement d'un prince prussien à Madrid[4] ». Avant même que l'Empereur soit intervenu, le père du prince a écrit à son autre

1. Janvier-février 1870.

2. Michelet, *loc. cit*, p. 25 : « J'ai sous les yeux les gravures... »

3. Le propos fut relaté aussitôt par Prévost-Paradol à Ludovic Halévy, son frère consanguin, qui l'avait, ce jour-là, accompagné à Saint-Cloud. Filon dit seulement que Paradol, « en sortant au bout d'un quart d'heure » du cabinet de l'Impératrice, ne jugea pas à propos de lui communiquer aucune impression » (p. 90).

4. Avril-mai 1869.

fils, Charles, celui que Napoléon III a poussé au trône de Roumanie : « La France, à cause de nos liens avec la Prusse, ne
permettra jamais que les Hohenzollern s'établissent au delà des
Pyrénées[1]. » D'autant plus, Bismarck a pressé son complot à
Berlin et à Sigmaringen comme à Madrid, où il a envoyé le
meilleur de ses agents secrets, son *famulus* Lothar Buscher ; il
a lié partie avec Prim, avec des députés espagnols ; non sans
peine, il a arraché le consentement du roi, du prince Antoine,
du prince Léopold. On connaît par lui-même tout le détail de
l'insolente embuscade.

La France, ici, est manifestement dans son droit, dans la tradition la plus exacte de la politique d'équilibre. La moitié de
l'Europe s'est battue pendant plus d'un siècle contre l'autre moitié pour que des Habsbourg ne règnent pas à Vienne et à Madrid.
Ce n'a pas été pour que l'Espagne devienne au xixᵉ siècle un
apanage de la Prusse. Bismarck a donc mal choisi son bran-
don. Le style « héroïque » du duc de Gramont déplaît à Mérimée ; si vivement que la France proteste, elle aura, contre la
manœuvre allemande, l'opinion à peu près unanime des autres
pays.

Le roi de Prusse s'était laissé convaincre par Bismarck ; il
avait autorisé le prince Léopold à accepter les offres d'Espagne ;
pourtant, il ne voulait pas la guerre. D'Ems, où il faisait une
cure, il conseilla, comme chef de famille, ce qui équivalait à
prescrire, le retrait de la candidature. Bismarck ayant cru
habile de se retirer à sa campagne de Varzin pendant qu'écla-
terait « la bombe », l'ambassadeur de France s'était adressé
directement au roi de Prusse, qui ne l'avait pas renvoyé à son
ministre des Affaires étrangères comme celui-ci l'avait engagé
par dépêche à faire. Cela ajoutait à la victoire diplomatique que
la France remportait (12 juillet). Le soir même, Bismarck, en
arrivant à Berlin, apprit la renonciation des Hohenzollern.
C'était l'effondrement de toute la machination savante d'où il
attendait la guerre. En quittant Varzin, il avait décidé de se
rendre à Ems « pour demander au roi la convocation du Reichstag
en vue de la mobilisation »[2]. Aussitôt, il renonça à son voyage
et « sa première pensée fut sa démission ».

1. Lettre du 9 décembre 1868.
2. *Pensées et souvenirs*, t. II, p. 101.

## XVI.

Si nous n'avions de Bismarck lui-même le récit des journées du 12 et du 13 juillet, il y aurait encore un problème des responsabilités de la guerre. C'est lui-même qui l'a résolu, ou bien il faut invoquer le vieil adage du droit romain que « nul ne doit être écouté, alléguant sa propre turpitude ».

On ne révisera pas le jugement qui a été porté sur l'empereur Napoléon III et sur ses ministres pour les fautes qu'ils ajoutèrent pendant ces deux funestes journées à toutes celles qui avaient été commises auparavant : la politique des nationalités devenue la politique des races, l'abandon du Danemark, la duperie de Biarritz, l'aide donnée à la Prusse, les demandes de compensation et, après tant d'avertissements, l'impréparation des armées. Mais, d'autant plus, on doit préciser et exactement qualifier les fautes suprêmes, comme on fait pour les délits et les crimes devant les tribunaux, et ne pas imputer aux uns, ainsi qu'on l'a fait trop longtemps, les actes et les intentions des autres. Il faut donc dire que Napoléon III laissa échapper la paix et que Bismarck voulut la guerre.

Il n'est pas contestable que la candidature du prince de Hohenzollern, où tous les torts étaient du côté de ses instigateurs, donna, du premier jour, un surcroît d'audace et de force à la coterie qui voulait la guerre contre la Prusse et qui en attendait, avec des conquêtes rhénanes, la consolidation de la dynastie et le retour au régime autoritaire. Ces échauffés étaient notoirement hostiles à l'expérience de l'Empire libéral. La responsabilité de ce « parti parlementaire de la guerre » dans les malheurs publics est d'autant plus considérable que les fautes du gouvernement impérial, en juillet 1870, ont été surtout commises pour échapper aux accusations de faiblesse qui grondaient contre lui au Corps législatif et dans la presse, parmi les ennemis du ministère, au lieu qu'il eût fallu aller bravement au-devant d'elles avec la conscience des devoirs heureusement accomplis et la satisfaction de la victoire diplomatique, où Bismarck croulait.

C'est ce dont est convenu Émile Ollivier, car, dans cette histoire qui restera toujours d'une lecture tragique, c'est Ollivier et Bismarck qui ont apporté devant la barre les preuves décisives contre eux-mêmes. Ayant raconté le désistement du prince de Hohenzollern : « Si donc », a écrit Ollivier, « aucun incident nouveau ne surgissait, voici comment les choses se seraient passées. Le roi de Prusse, dans la journée du 13, aurait communiqué à Benedetti la renonciation qu'il attendait. Il eût ajouté qu'il l'approuvait et autorisé notre ambassadeur à transmettre cette double assurance à notre gouvernement. Ainsi eussent été obtenues les deux conditions posées par Gramont : l'abandon de la candidature et la participation saisissable du roi à cet abandon. Notre victoire du 12 au soir eût été complétée le 13 et Bismarck eût été définitivement vaincu. Il se serait retiré au moins quelque temps des affaires et le nuage gros de calamités que ce barbare de génie promenait sur l'Europe disparaissait de l'horizon européen. Notre ministère, après avoir assuré au pays la liberté, lui eût assuré le prestige d'une paix glorieuse[1]. » Or, les incidents surgirent par le fait même des vainqueurs.

Quand Émile Ollivier, le 15 juillet, vers deux heures, apprend la renonciation du prince Léopold, il court d'abord « donner la bonne nouvelle à sa femme »; puis il se rend au Corps législatif, où « l'éclair de joie qui illumine son visage » suffit à faire connaître que la guerre est évitée. Mais, déjà, la politique intérieure, ambitions, jalousies, rancunes de partis, envahit les couloirs. C'est un mauvais brouillard qui empoisonne l'atmosphère. Beaucoup de députés s'agitent, les uns qui trouvent la satisfaction incomplète et poursuivent la chute du ministère, les autres qui n'ont pas le facile courage de tenir tête à cette sorte de gens qui monopolisent le patriotisme pour le mieux exploiter à leur profit. Cependant, Thiers a dit à Ollivier : « Maintenant il faut vous tenir tranquille », et Ollivier lui répond : « Soyez rassuré, nous tenons la paix, nous ne la laisserons pas échapper. » Il se rend alors chez l'Empereur qui, lui aussi, comme Thiers, est très satisfait, s'en va répétant à ses officiers : « Je suis bien heureux que tout se termine ainsi; une guerre est toujours une grosse aventure... » Tout à l'heure, il va recevoir les félicitations de l'ambassadeur d'Italie. « C'est une grande victoire morale pour la France », dit Nigra, « et j'espère que l'Empereur s'en contente et qu'il m'a fait appeler pour m'annoncer la paix. » « Oui, c'est la paix », répond l'Empereur, « et je

_______________

1. T. XIV, p. 225 et suiv.

vous ai fait venir pour que vous le télégraphiiez à votre gouvernement. » Il ne fit aucune allusion à des garanties à demander
au roi de Prusse. A la réception du télégramme de Nigra racon
tant la conversation, Victor-Emmanuel qui, l'avant-veille, était
revenu précipitamment de la chasse à Turin, remonta à la montagne. Puis l'Empereur, avant de rentrer à Saint-Cloud, dit à
l'aide de camp de service, Bourbaki, qu'il n'y avait plus lieu
de faire seller les chevaux de guerre : « Supposez qu'une île
surgisse tout à coup entre la France et l'Espagne; toutes deux
se la disputent; elle disparaît; sur quoi continuerait-on à se
quereller? »

Alors les fautes. Ollivier, après son entretien avec l'Empereur, s'en va chez le ministre des Affaires étrangères qu'il trouve
en conversation avec l'ambassadeur de Prusse. Gramont, de
lui-même, ou sur le conseil de quelque sous-ordre, a commis une
première faute : il a demandé à Werther de suggérer au roi de
Prusse de s'associer à la renonciation du prince « dans une léttre
amicale à l'Empereur ». Même il en a préparé le texte : « En
autorisant le prince Léopold à accepter la couronne d'Espagne,
le roi ne croyait pas porter atteinte aux intérêts ni à la dignité
de la nation française. Sa Majesté s'associe à la renohciation du
prince et exprime le désir que toute cause de mésintelligence
disparaisse désormais entre son gouvernement et celui de l'Empereur. » Ollivier, sans plus de réflexion, appuie le duc de Gramont, qui est un diplomate de profession, un grand seigneur et
qui, évidemment, « n'avait pas entendu commettre la grossièreté
de réclamer une lettre d'excuses ».

Il avait été convenu entre l'Empereur et Ollivier que toute
décision serait ajournée jusqu'au conseil du lendemain matin.
Ollivier ne songea pas à en faire la remarque à Gramont. Deux
heures plus tard, Napoléon III, à Saint-Cloud, y recevant Gramont, ne songea pas davantage à lui faire part de cet engage-
ment. Comme il avait été mal accueilli par l'Impératrice et par
le monde de la cour, qui n'était guère moins excité que la droite
du Corps législatif, il s'était laissé troubler par ce bruit. Un
autre, moins malade, moins affaibli d'esprit et de corps, eût
imposé silence à ces agités. Cependant, il désapprouva la proposition qui avait été faite par Gramont à Werther d'une lettre
personnelle du roi de Prusse, mais pour lui substituer une autre
procédure qui n'était pas meilleure. Après une délibération où

l'Impératrice assista, mais où ne fut appelé ni Ollivier ni aucun autre ministre, Gramont télégraphia à Benedetti de demander directement au roi de Prusse « qu'il s'associât à la renonciation du prince de Hohenzollern et donnât l'assurance qu'il n'autoriserait pas de nouvelle candidature ».

Si Gramont, ce jour-là, s'est incliné devant des propos belliqueux de l'Impératrice, comme il l'a dit pour sa défense et comme il est permis de l'en croire, il s'accuse lui-même de courtisanerie. L'Impératrice n'avait aucun rôle constitutionnel ; depuis le 2 janvier, sur la demande formelle d'Ollivier, elle n'assitait plus au conseil des ministres ; si vivement qu'elle ait pu l'exprimer, son opinion ne devait pas plus compter pour Gramont que celle de Marie-Antoinette pour Vergennes[1]. L'Empereur, selon le récit que je tiens de Benedetti, considérait la demande de garanties comme un recul sur la suggestion d'une lettre personnelle du roi de Prusse. Ollivier ne connut la « demande de garanties » que dans la soirée, où il se rendit par hasard chez Gramont. Ayant approuvé la demande faite à Werther, il n'était en droit de se plaindre que du procédé. Il a raconté que l'idée lui vint de donner sa démission ; il ne la donna pas.

Ainsi, la plus belle victoire diplomatique (au dire de Thiers et de Guizot, qui n'étaient point des juges prévenus) avait été à peine remportée que ceux qui allaient en recueillir l'honneur et le profit la gâchaient.

Ils ne cherchaient pas la guerre et, dans leur for intérieur, se persuadaient même qu'ils continueraient à l'éviter, malgré leurs nouvelles exigences. Deux ministres déclarèrent à Thiers « qu'ils donneraient leur démission plutôt que de prendre la responsabilité de la guerre »[2]. Le lendemain, au conseil, on décida de ne pas convoquer les réserves. Entre les feux croisés de la cour et de l'opposition de droite, les ministres paraissaient surtout anxieux d'élargir leur succès du dehors afin d'en accabler plus sûrement les adversaires de l'intérieur[3] ; ils mettront au

---

1. Pour le propos tant de fois répété : « C'est ma guerre », que l'Impératrice aurait tenu le 23 juillet à Lesourd, premier secrétaire de l'ambassade de France à Berlin, celui-ci a toujours affirmé sur l'honneur qu'il ne lui avait pas été tenu. L'Impératrice m'a dit et redit que le propos était faux, qu'elle avait pu dire de la guerre du Mexique que « c'était sa guerre », qu'elle ne l'avait jamais dit de la guerre de 1870. Je l'ai toujours trouvée très véridique.

2. Lettre de Thiers, du 17 juillet, à Duvergier de Hauranne.

3. Voir les invectives d'Ollivier contre les meneurs de la droite, Clément

défi les faiseurs de surenchères d'avoir obtenu plus qu'eux-
mêmes.

La demande de garanties était proprement absurde. Quand la
candidature du prince Léopold avait été retirée sous le cri du
monde et sous la pression de ses instigateurs espagnols, il n'y
avait pas une chance sur cent mille qu'elle pût être reprise.

Dès que l'ambassadeur d'Angleterre, Lord Lyons, fut informé
par Gramont de la demande de garanties, il lui manifesta sa surprise : « Si la guerre survenait maintenant, toute l'Europe dirait
que c'est le fait de la France, qu'elle s'est jetée dans une querelle
sans cause sérieuse, par orgueil et par ressentiment. » Allant
droit au défaut de la cuirasse, à la misérable fissure par où le
sang de la France allait couler à flots : « *Le ministère est dans
une meilleure situation* s'il se contente de son triomphe diplomatique que s'il plonge le pays dans une guerre pour laquelle
n'existe aucun motif avouable[1]. » Langage de la raison même,
dira Ollivier, mais trop tard[2].


## XVII.


C'était le jour même où ces sottises et ces fautes se com-
mettaient à Saint-Cloud et à Paris que Bismarck, à Berlin, avait
décidé de donner sa démission. « Après toutes les provocations
offensantes qui s'étaient déjà produites » — la déclaration de Gramont sur la candidature, la négociation directe à Ems avec le roi
— « je voyais dans ce recul auquel on nous forçait une humiliation
pour l'Allemagne; je ne voulais pas en garder la responsabilité
officielle. L'impression de l'honneur national blessé par cette
retraite imposée me diminuait tellement que j'étais résolu à
envoyer ma démission à Ems. Je considérais cette humiliation
devant la France et ses manifestations fanfaronnes comme pires
que celle d'Olmütz »[3]. Et encore : « Le mal envahissant qu'une
politique timide me faisait redouter pour notre position nationale, je ne voyais pas le moyen de le guérir sans nous engager

Duvernois et Jérôme David, qui avaient déposé une interpellation sur les
garanties nécessaires. Il les traite de « malfaiteurs » et de « scélérats » après
leur avoir cédé.

1. Lyons à Granville, 12 juillet.
2. T. XIV, p. 264 : « C'était le langage même de la raison et de l'amitié. »
3. *Souvenirs et pensées*, t. II, p. 101.

*maladroitement* dans la première querelle venue ou *sans en provoquer artificiellement*. Je regardais, en effet, la guerre comme une nécessité à laquelle nous ne pouvions pas nous dérober honorablement... Je ne voulais pas assumer la responsabilité de défendre *l'attitude par laquelle on aurait acheté la paix...* Nous avions reçu un soufflet de la France et, en cédant, nous nous étions mis dans la situation d'avoir l'air de chercheurs de noises lorsque nous en viendrions à la guerre, qui, seule, pouvait laver la tache. Ma situation était intenable. »

Voilà pour la journée du 12 juillet. Voici maintenant celle du 13, où la demande des garanties va donner à Bismarck sa revanche. Il s'était, au cours de la matinée et de l'après-midi, entretenu avec le prince royal et l'ambassadeur d'Angleterre et avait exhalé ses plaintes sur « la trop grande condescendance du roi[1] » et les conséquences d'une telle faiblesse. Dès qu'il eut le rapport de Werther sur sa conversation avec Gramont et Ollivier et leur suggestion d'une lettre du roi à Napoléon III, un peu d'espoir de remonter sa machine de guerre lui revint. Il télégraphia aussitôt à Werther de prendre congé et d'informer Gramont, avant son départ, que le chancelier ne pouvait soumettre au roi la demande française. Entre temps, à Ems, Benedetti, abordant le roi à la promenade, lui demandait, en conformité des ordres reçus, la permission « d'annoncer en son nom à Gramont que, si le prince de Hohenzollern revenait à son projet, Sa Majesté interposerait son autorité et y mettrait obstacle »[2]. Le roi, qui jugeait l'hypothèse invraisemblable, la prétention inadmissible, et peu convenable l'interpellation dans un lieu public, refusa, mais sans éclat d'aucune sorte, simplement et poliment, plus ennuyé qu'irrité. Puis, un peu plus tard, il envoya son aide de camp Radziwill à Benedetti, avec la communication dont l'ambassadeur rendit compte en ces termes : « Le Roi a reçu la réponse du prince de Hohenzollern, elle est du prince Antoine, et elle annonce à Sa Majesté que le prince Léopold, son fils, s'est désisté de sa candidature à la couronne d'Espagne. *Le roi m'autorise à faire savoir au gouvernement de l'Empereur qu'il approuve cette résolution*[3]. »

Ainsi le roi, à la réflexion, accordait la première partie de la demande de garanties qui était de « s'associer à la renonciation ⸱

1. *Diplomatic reminiscences*, 13 juillet 1870, Loftus à Granville.
2. Benedetti à Gramont, 13 juillet, 10 heures 30 minutes du matin.
3. Du même au même, 3 heures 45 du soir.

du prince », puisqu'il informait le gouvernement de l'Empereur
qu'il « l'approuvait ». Mais Benedetti, qui avait reçu de Gramont une nouvelle dépêche pressante[1], crut devoir insister sur
la seconde partie, celle qui était parfaitement déraisonnable et
pouvait passer pour offensante (la promesse formelle d'interdire
à l'avenir toute candidature du prince), et cela malgré qu'il eût
télégraphié : « J'ai de fortes raisons de supposer que je n'ob-
tiendrai aucune concession à cet égard. » Il demanda donc au
roi une nouvelle audience, et, comme il s'y attendait, se heurta
à un refus que lui transmit le prince Radziwill : « Le Roi a consenti, m'a dit son envoyé au nom de Sa Majesté, *à donner son
approbation entière et sans réserve au désistement du prince
de Hohenzollern;* il ne peut faire davantage[2]. »

Et, vraiment, l'affaire se réglait encore pour le mieux et,
malgré son imprudence, son inexcusable complaisance aux exigences de l'Impératrice et de la droite extrême, le gouvernement
français obtenait une nouvelle satisfaction. « L'approbation
entière et sans réserve » du roi était d'autant plus appréciable
qu'il avait reçu dans l'intervalle le rapport de Werther sur sa
conférence de la veille avec Ollivier et Gramont et « qu'il en
avait été impressionné de la façon la plus déplorable[3]. » Telle
était la légèreté de Gramont qu'il n'avait même pas avisé Benedetti de la demande qu'il avait faite, dans son cabinet, à Werther[4]. L'ambassadeur la connut seulement plus tard. Il revit, d'ailleurs, le roi le lendemain, avant son départ pour Berlin, à la gare.
Le roi « se borna à lui dire qu'il n'avait plus rien à lui communiquer »[5], mais, toujours, avec beaucoup de courtoisie.

Tout naturellement, le roi avait fait informer Bismarck de ses
entretiens du 13 avec Benedetti. La dépêche fut rédigée par le
conseiller Abeken. Expédiée d'Ems avant quatre heures[6], elle fut
remise vers cinq heures à Bismarck qui la fit aussitôt déchiffrer. Il
était, à ce moment, à table avec Roon et Moltke, les ayant invi-
tés pour « leur communiquer ses idées et ses intentions[7]. » Il
persistait « à se retirer », malgré tout ce que Roon lui avait

1. Du 13 juillet, 1 heure 45 du matin? Voir Benedetti, *Ma mission en
Prusse*, p. 373.
2. Benedetti à Gramont, 13 juillet, 7 heures du soir.
3. Benedetti, *Ma mission en Prusse*, p. 383.
4. *Ibid.*
5. Benedetti à Gramont, 14 juillet, 3 heures 45 minutes du soir.
6. 3 heures 50.
7. *Souvenirs et pensées*, t. II, p. 103 et suiv.

déjà objecté. « Tous deux étaient fort abattus et ils me firent indirectement des reproches parce que, pouvant me retirer plus facilement qu'eux, j'avais l'égoïsme d'en profiter. Je défendis mon opinion. Je ne pouvais sacrifier mon point d'honneur à la politique. » Les trois hommes continuaient à discuter quand on apporta à Bismarck la traduction de la dépêche du roi : « Je la lus à mes hôtes qui furent si atterrés qu'ils en oublièrent le boire et le manger. » Cependant la dépêche ne relatait pas que le roi eût fait dire à Benedetti qu'il approuvait le désistement.

Alors l'infernal coup de génie. Comme Moltke atteste que l'armée est prête à la guerre et qu'il a confiance dans la victoire, Bismarck reprend la dépêche, que le roi l'a autorisé à garder pour lui ou bien à communiquer aux ambassadeurs et aux journaux allemands, et quelques coups de son grand crayon bleu vont suffire à la transformer. Il lit aux deux généraux « la rédaction qui condensait la dépêche »[1]. Aussitôt leurs visages s'éclairent. « Voilà », dit Moltke, « qui sonne autrement maintenant. Auparavant, on eût cru entendre battre la chamade ; à présent, c'est comme une fanfare en réponse à une provocation. » Et Roon, selon son propre récit[2] : « Le dieu des anciens jours vit encore, et il ne nous laissera pas succomber honteusement. »

Voici les deux textes, la dépêche d'Abeken, la « condensation » de Bismarck, *vulgo*, la « fausse dépêche d'Ems » :

Ems, 13 juillet 1870,
3 h. 50 m. après midi.

S. M. le roi m'écrit :

« *Le comte Benedetti vint me trouver aujourd'hui sur la promenade ; il me demanda d'une façon fort pressante que je m'engage pour l'ave-*

*La nouvelle du renoncement du prince héritier de Hohenzollern a été officiellement communiquée au gouvernement impérial français*

---

1. *Ibid.*, p. 108. — On a contesté la véracité du récit de Bismarck dans ses *Souvenirs*, mais sans apporter de preuves. La version des *Souvenirs* ne fait que confirmer, avec plus de détails, les récits antérieurs de Bismarck et de ses gens (Moritz Busch, *Unser Reichskanzler*, Leipzig, 1884, t. II, p. 66; *Hamburger Nachrichten; Nouvelle Presse libre de Vienne* des 12 et 20 novembre 1892). Admettons que Bismarck ait magnifié les choses dans ses *Souvenirs*, le fait de la « condensation » subsiste et l'intention n'en est pas douteuse.

2. *Deutsche Revue* de mai 1891.

*nir à ne jamais autoriser une nouvelle candidature des Hohenzollern. Je lui prouvai de la façon la plus péremptoire qu'on ne peut prendre ainsi des engagements à tout jamais. Naturellement j'ajoutai que je n'avais encore rien reçu et que, puisqu'il était averti plus tôt par Paris et par Madrid, c'était bien la preuve que mon gouvernement était hors de question. »*

*Sa Majesté a depuis reçu une lettre du prince. Comme Sa Majesté avait dit au comte Benedetti qu'elle attendait des nouvelles du prince, Elle a résolu, sur la proposition du comte Derlenbourg et la mienne, de ne plus recevoir le comte Benedetti à cause de sa prétention et de lui faire dire simplement par un aide de camp que Sa Majesté avait reçu du prince confirmation de la nouvelle déjà mandée de Paris et qu'Elle n'avait plus rien à dire à l'ambassadeur. Sa Majesté laisse à Votre Excellence le soin de décider si une nouvelle exigence de Benedetti et le refus qui lui a été opposé ne doivent pas être communiqués aussitôt tant à nos ambassadeurs qu'à nos journaux.*

*par le gouvernement royal espagnol. Depuis, l'ambassadeur français a encore adressé, à Ems, à Sa Majesté le roi, la demande de l'autoriser à télégraphier à Paris que Sa Majesté le roi, à tout jamais, s'engageait à ne plus donner son consentement si les Hohenzollern devaient revenir à leur candidature. Sa Majesté le roi, là-dessus, a refusé de recevoir encore l'ambassadeur français et lui a fait dire par l'aide de camp de service que Sa Majesté n'avait plus rien à communiquer à l'ambassadeur.*

Voici maintenant, selon Bismarck, le commentaire de son texte « condensé », qu'il développa tout de suite devant Moltke et Roon. « Ce texte », dit-il, « n'apporte aucunes modifications ni aucunes additions à la dépêche. Si, exécutant le mandat de Sa Majesté, je le communique aussitôt aux journaux et si, en outre, je le télégraphie à toutes nos ambassades, il sera connu à Paris avant minuit. *Non seulement par ce qu'il dit, mais aussi par la façon dont il aura été répandu, il produira là-bas sur le taureau gaulois l'effet du drapeau rouge.* Il faut nous battre, si nous ne voulons pas avoir l'air d'être battus sans qu'il y ait eu seulement de combat. Le succès dépend cependant avant tout des impressions que l'origine de la guerre provoquera chez nous et chez les autres. » Depuis longtemps, il a résolu ce qu'un autre Allemand[1] appelle « la question de Pilate en politique : qu'est-ce qu'une guerre offensive » ? Mais il n'est pas de ces théoriciens du droit ou de la force qui ne se soucient pas de la galerie et il explique : « Il est essentiel que nous soyons les attaqués ; la présomption et la susceptibilité gauloises nous donneront ce rôle, si nous annonçons publiquement à l'Europe, autant que possible sans l'intermédiaire du Reichstag, que nous acceptons sans crainte les menaces publiques de la France. »

Bismarck connaissait la France, surtout son personnel gouvernemental. Point par point, ses prévisions s'accomplirent.

On chercherait en vain à disculper Gramont, Ollivier, le maréchal Le Bœuf, l'Impératrice, l'Empereur d'être tombés au piège. Les ministres ne doutaient pas de la prompte victoire ; l'Empereur, « plus entraîné qu'entraîneur »[2], était beaucoup moins confiant. Le lourd discours de Napoléon III aux grands corps d'État, avant son départ pour Metz, annoncera une guerre longue et difficile. La plus grande faute, selon Napoléon : faire ce que souhaite l'ennemi ; la faute moralement la plus inexcusable, selon le poète romain : voir le mieux et suivre le pire.

Quand le duc de Gramont se dit « souffleté[3] » par la note allemande, comment Ollivier aurait-il objecté à ce gentilhomme qu'il ne se sentait pas, lui aussi, souffleté ? Et, pareillement, tous les autres : ceux qui, avec l'Empereur, redoutaient la guerre ; ceux qui, avec l'Impératrice, l'appelaient. « De bons citoyens auraient atténué la chose, eu recours à l'Angleterre pour l'arranger, et auraient ainsi sauvé la paix »[4].

Dans la déclaration écrite qu'Ollivier porta au Corps législatif[5] il motiva ainsi la raison déterminante de la guerre : « Notre

<hr>

1. Reventlow, *Deutschland's auswärtige Politik.*
2. Lettre de Thiers à Duvergier de Hauranne.
3. A peine la porte franchie, Gramont s'écrie : « Mon cher, vous voyez un homme qui vient de recevoir une gifle » (Ollivier, t. XIV, p. 355).
4. Thiers à Duvergier de Hauranne.
5. 15 juillet 1870.

surprise a été profonde lorsque, hier, nous avons appris que le roi de Prusse avait notifié par un aide de camp à notre ambassadeur qu'il ne le recevrait plus et que, pour donner à ce refus un caractère non équivoque, son gouvernement l'avait communiqué aux cabinets de l'Europe. » C'était la version mensongère de Bismarck ; ce n'était pas celle d'Abeken et, moins encore, celle de Benedetti, dont on avait les dépêches, qui n'avait jamais soupçonné qu'il eût été insulté, qui arrivait à Paris prêt à en témoigner, qui n'eut pas le courage de crier la vérité coûte que coûte. Comme cela avait paru tout de même un peu faible, Ollivier ajouta que « le baron de Werther avait reçu l'ordre de prendre un congé », ce qui était exact, et ce qui, de son propre aveu, ne l'était pas, « que des armements s'opéraient en Prusse »[1].

On sait comment un vent de folie passa sur la majorité du Corps législatif ; comment Thiers, Jules Favre, Gambetta luttèrent en vain pour enrayer la catastrophe ; comment la France parut avoir cherché la guerre. Jamais assemblée, jamais pays ne furent plus complètement abusés. Il n'y avait eu à Ems ni insulteur ni insulté ; il ne fut cependant pas permis de mettre en doute que l'ambassadeur de France eût été outragé par le roi de Prusse. Comme le gouvernement n'avait voulu communiquer les pièces du dossier diplomatique qu'à une commission de onze membres, on se persuada qu'il y avait quelque part une dépêche violemment injurieuse de Bismarck, alors que « la guerre n'était engagée, » selon Ollivier lui-même, « que sur la publication de la *Gazette de l'Allemagne du Nord* et sur les dépêches venues de Berlin, de Berne et de Munich »[2], où nos agents la commentaient. L'opinion de l'Europe fut hostile ; l'Autriche et l'Italie restèrent neutres ; toute l'Allemagne du Sud marcha avec la Prusse. Bismarck eut *sa* guerre, et telle qu'il avait voulu l'avoir.

« Ce droit », avait dit Hegel — celui de commettre des actes violents injustes et perfides — « c'est le droit des *héros* à fonder des États[3]. » Mais la conscience humaine n'est pas hégélienne.

1. En note : « Cette assertion n'était pas exacte. Le Bœuf avait été mal renseigné ; les armements n'ont commencé que le 16. »
2. Ollivier, t. XIV, p. 472.
3. *Philosophie des Rechts*, p. 350.

NOGENT-LE-ROTROU, IMPRIMERIE DAUPELEY-GOUVERNEUR.